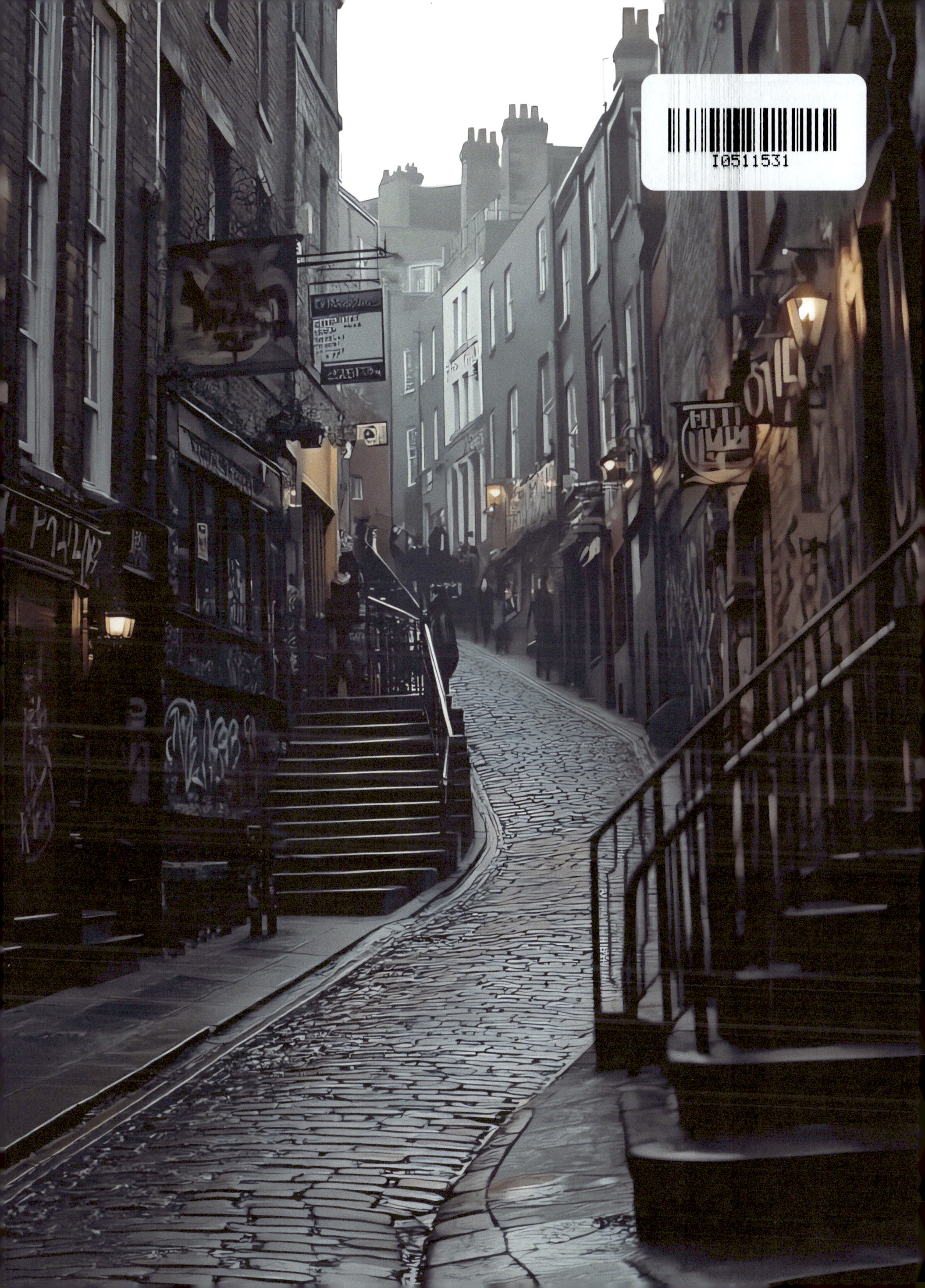

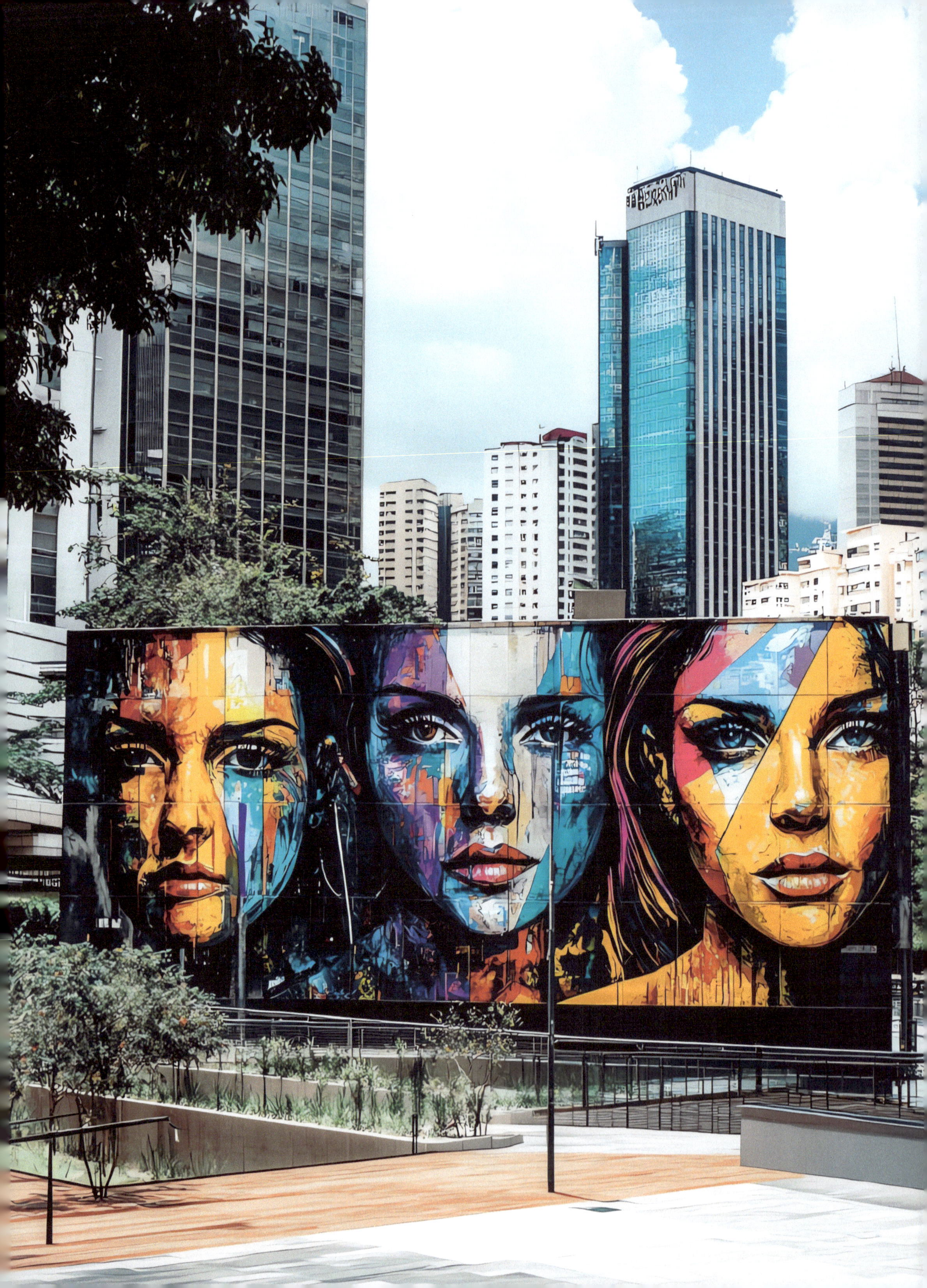

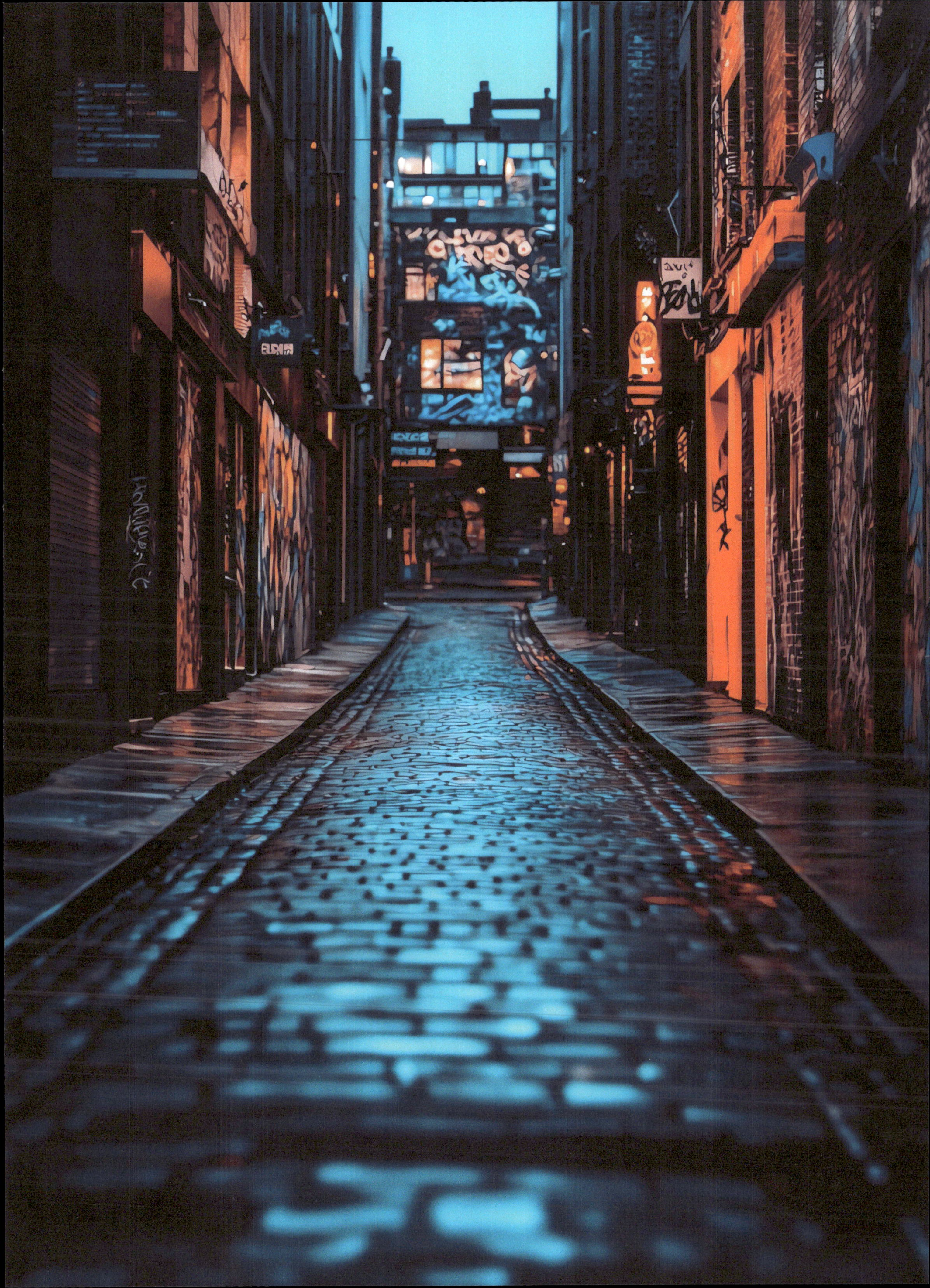

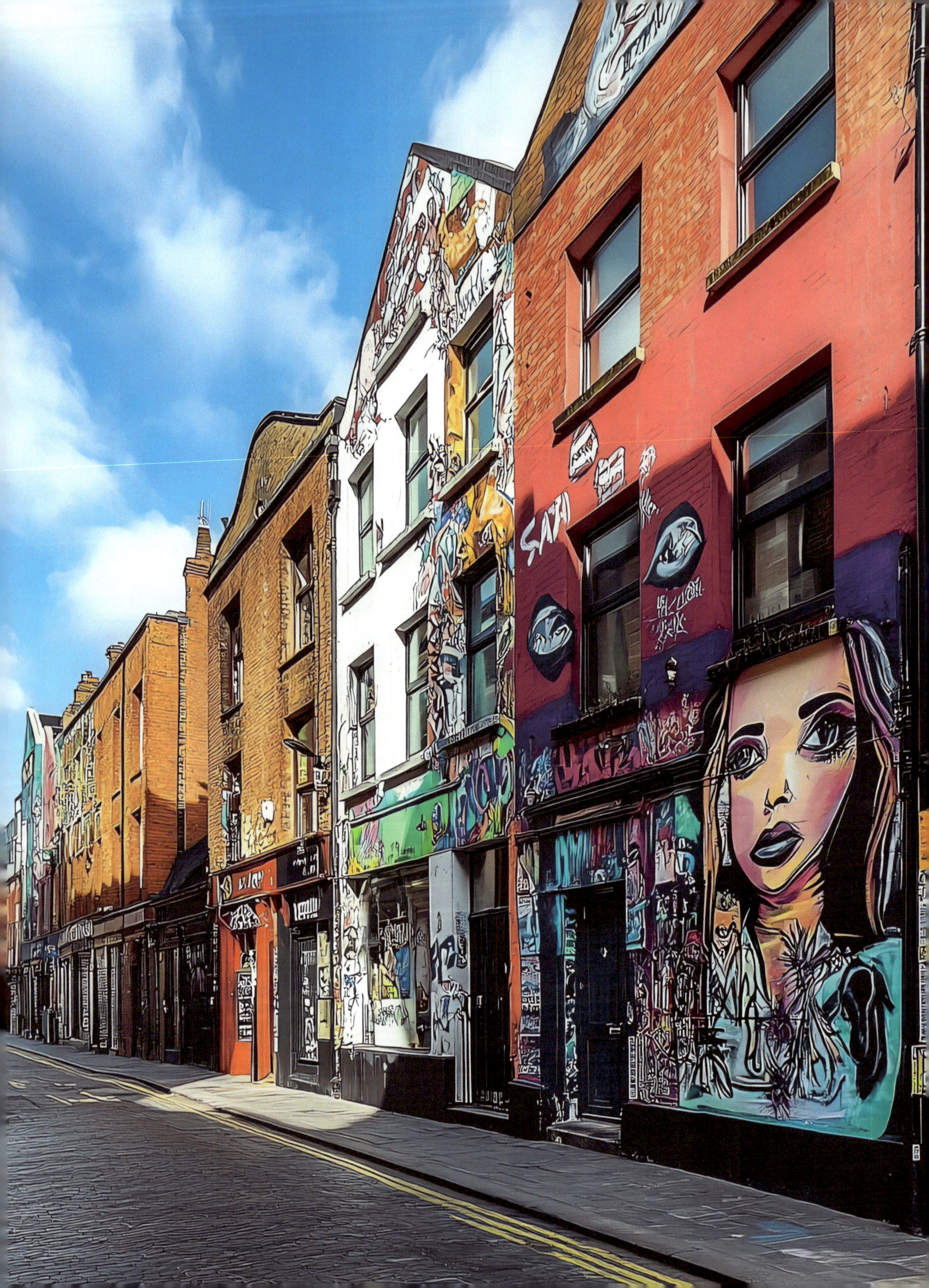

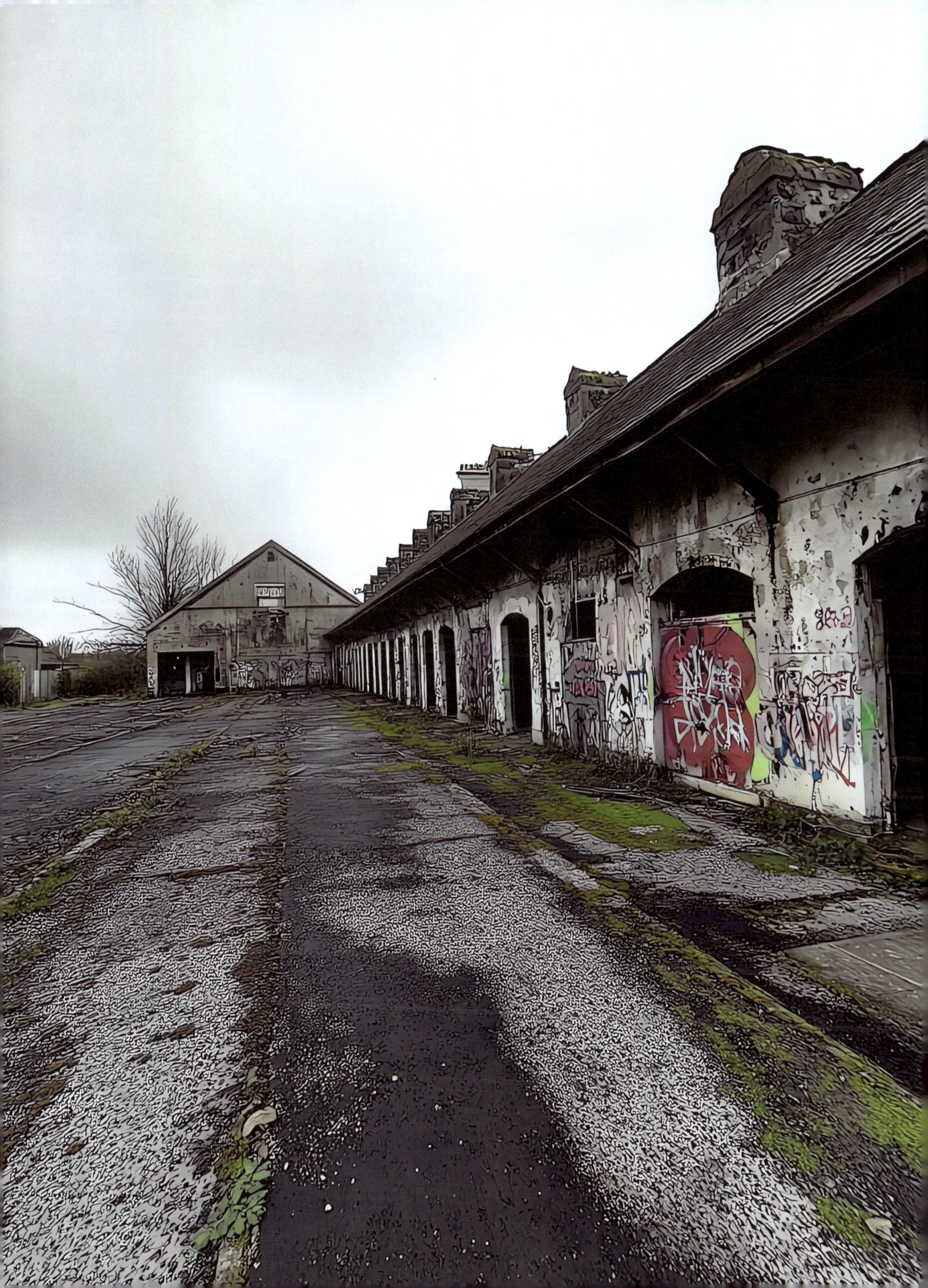

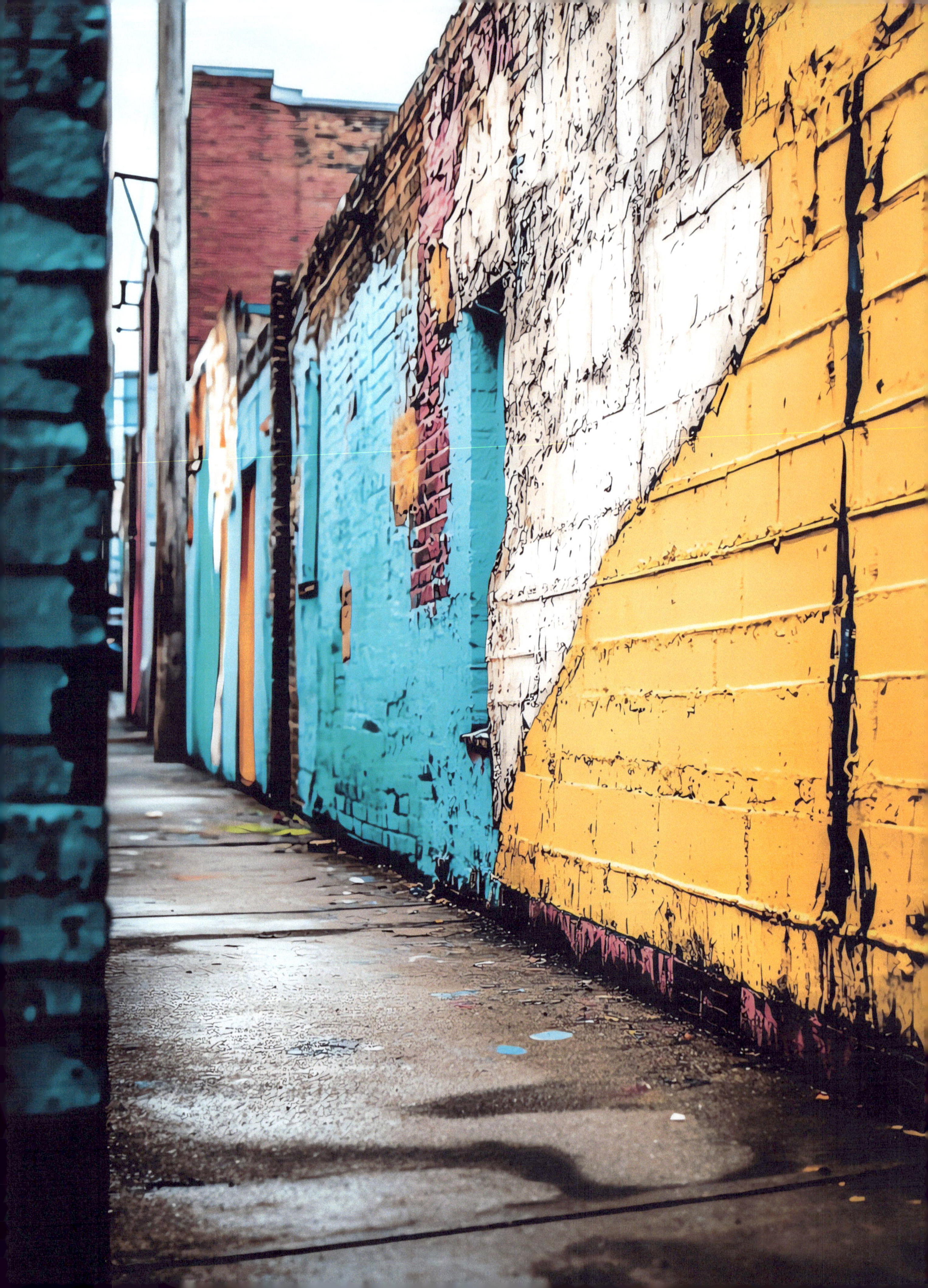

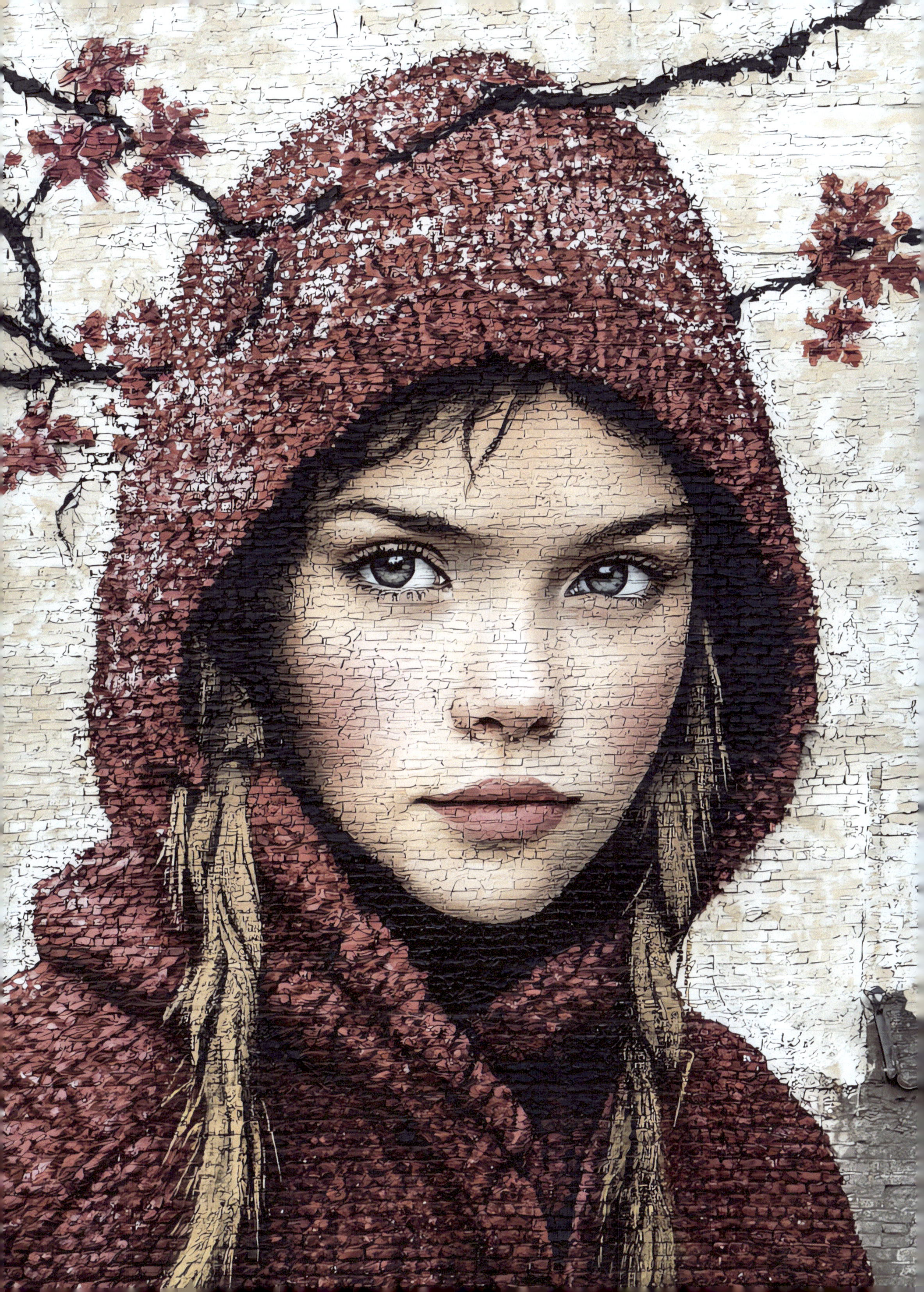

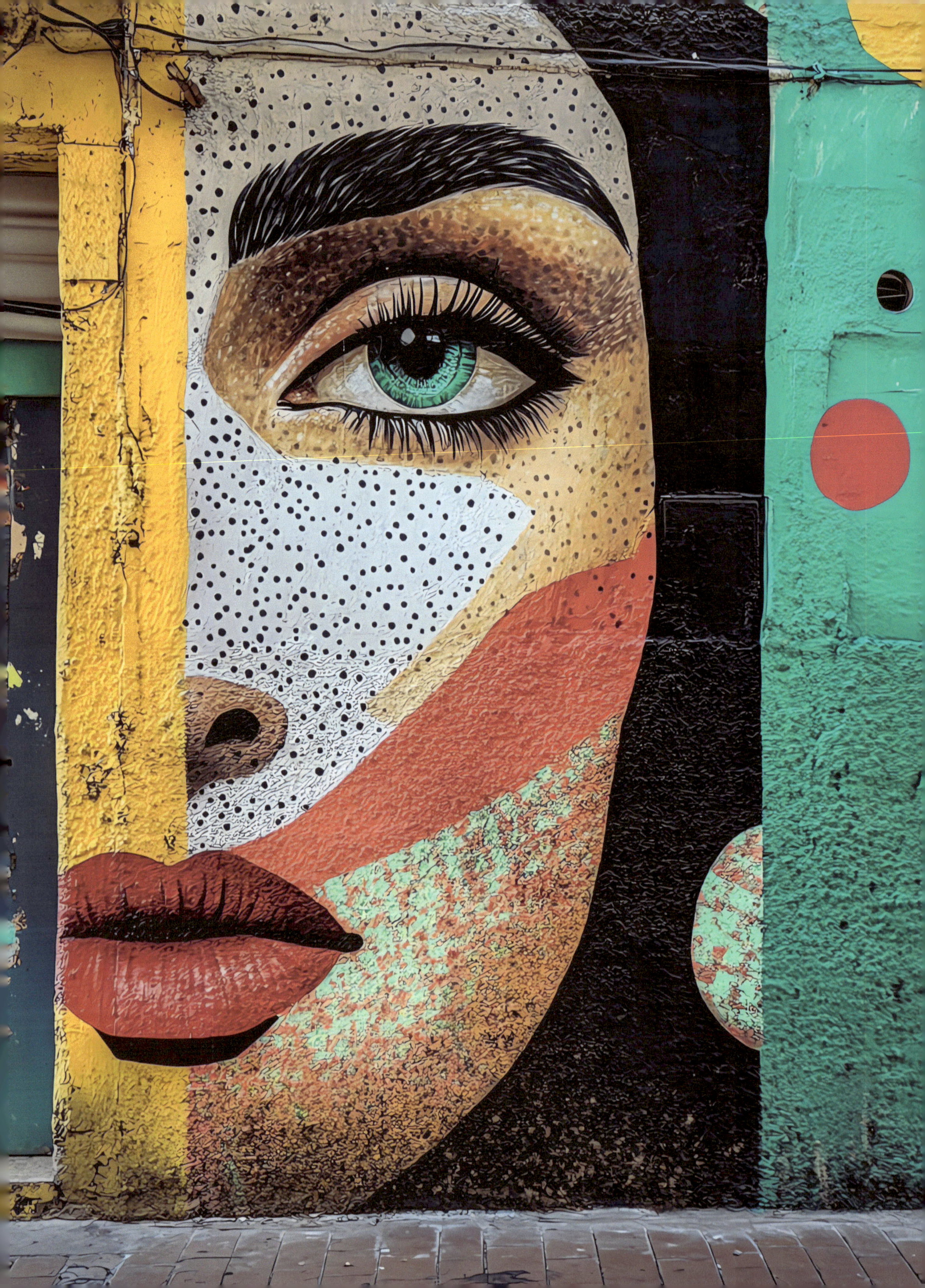

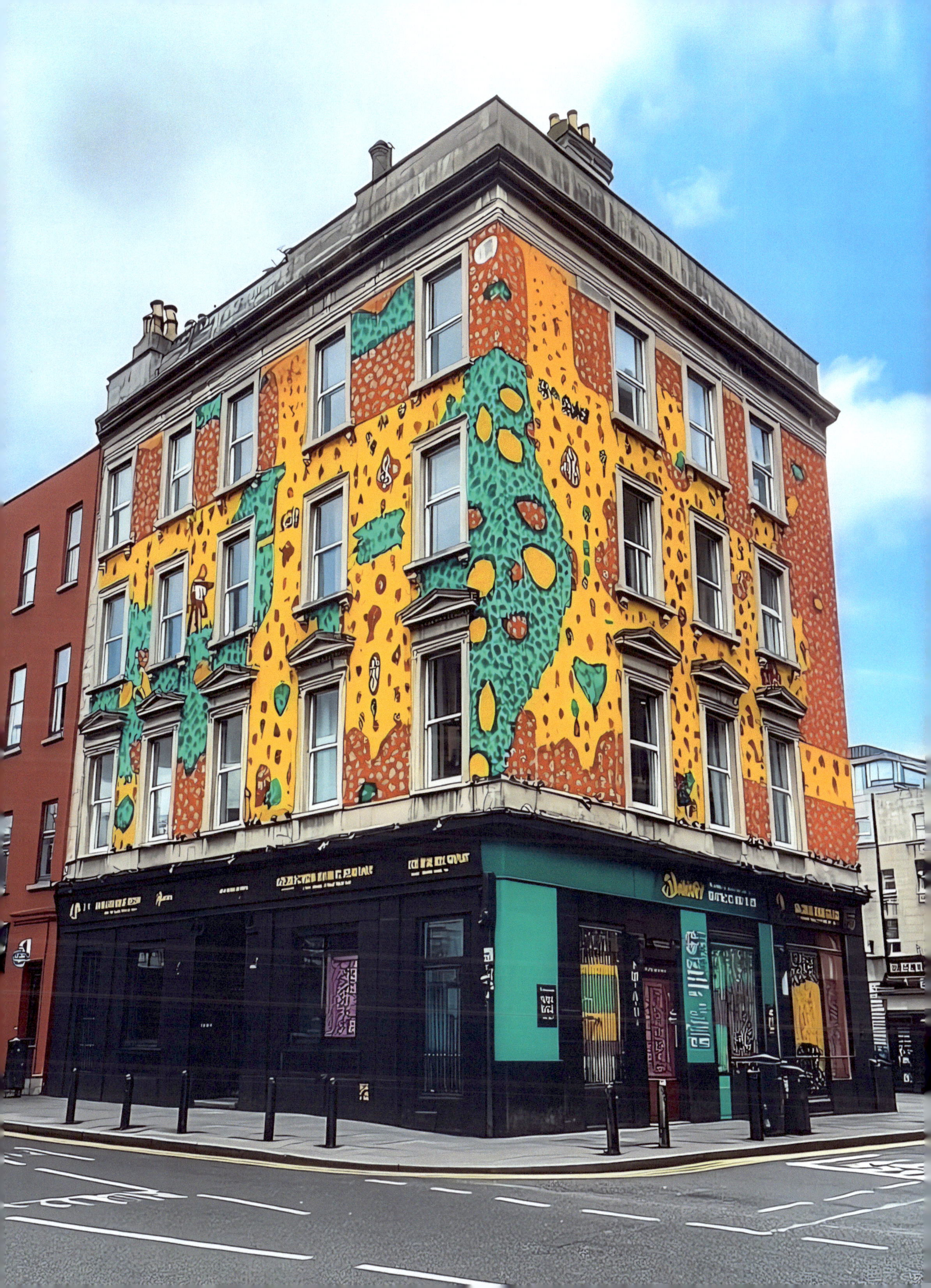

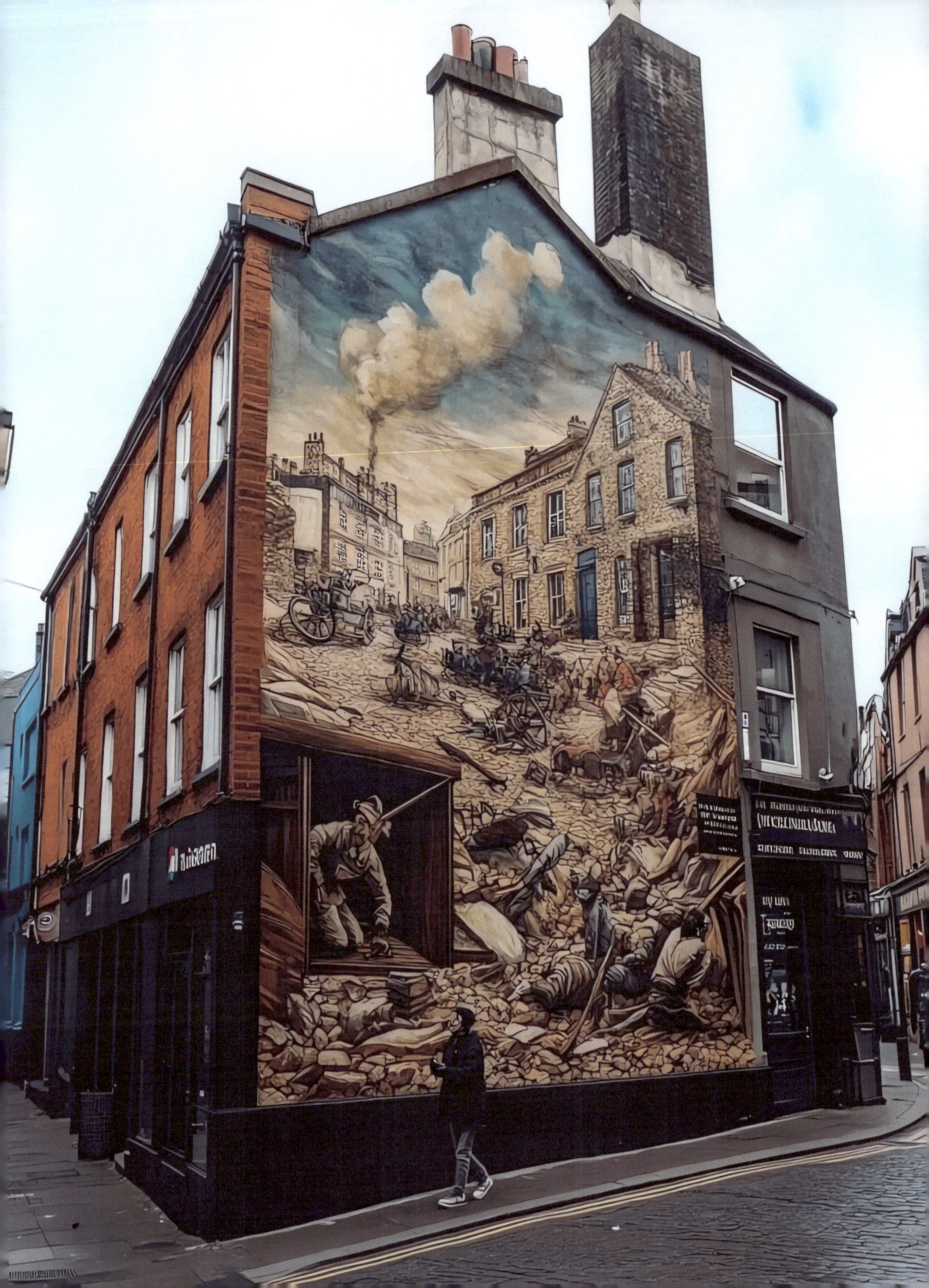

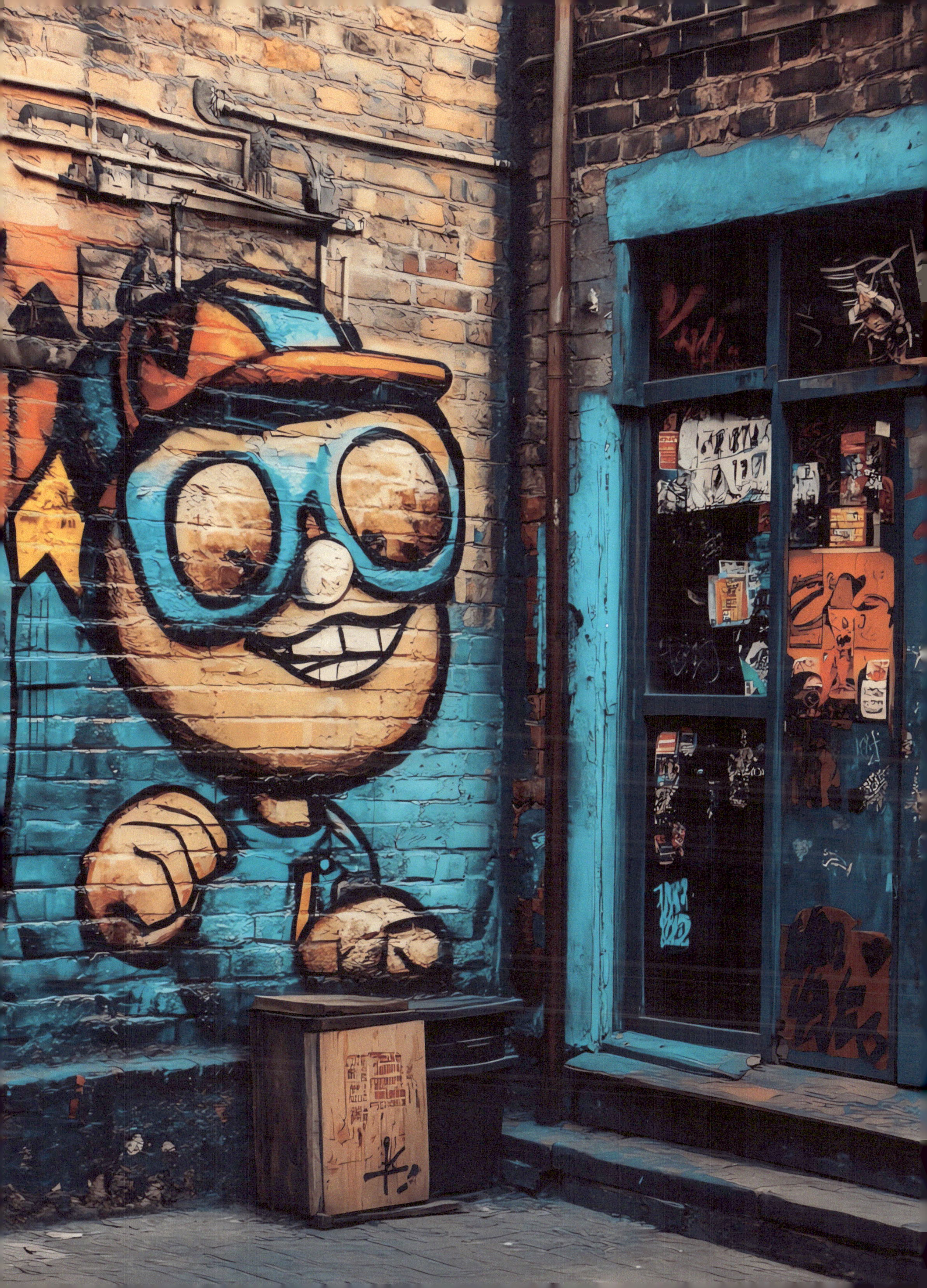

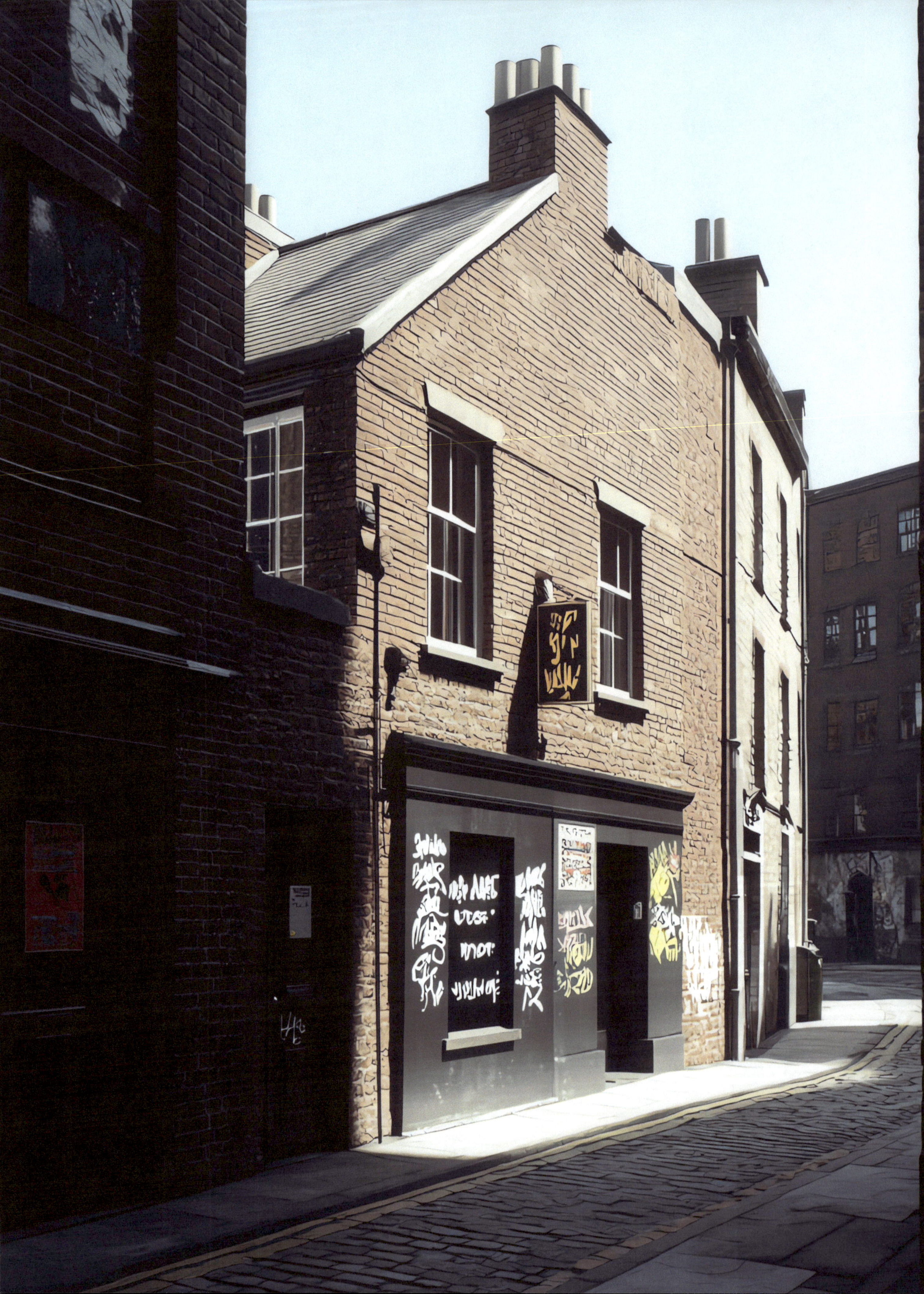

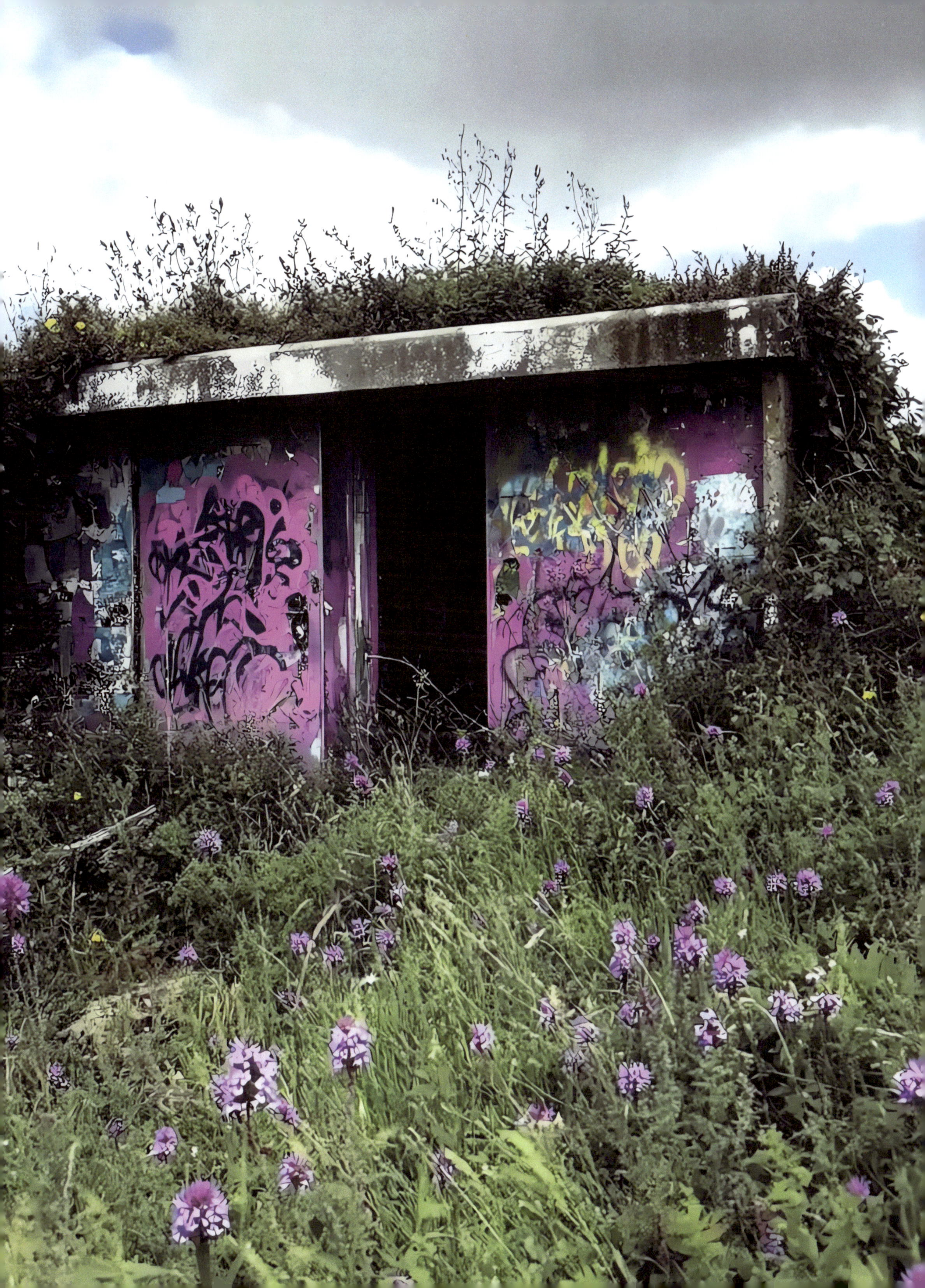

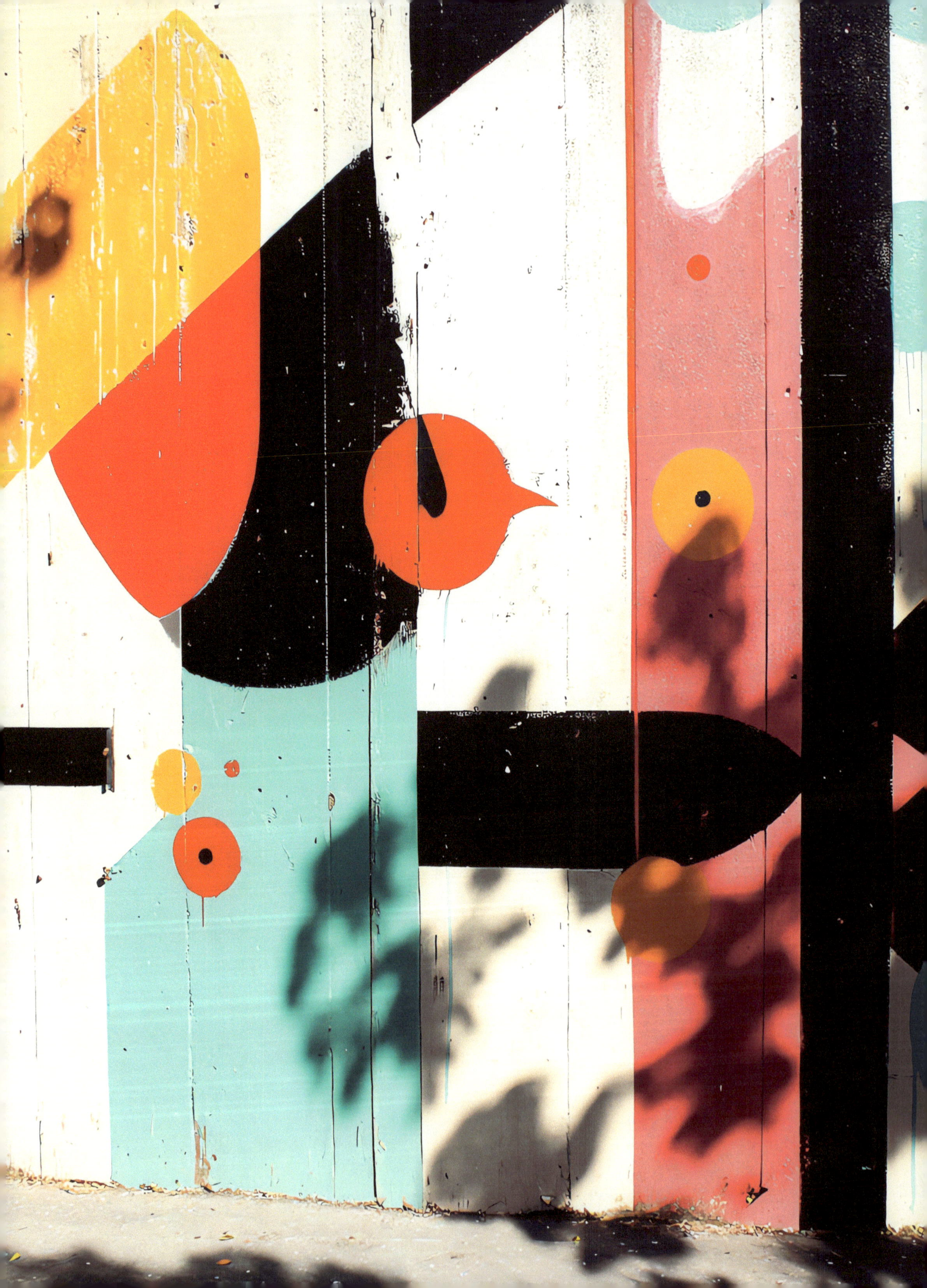

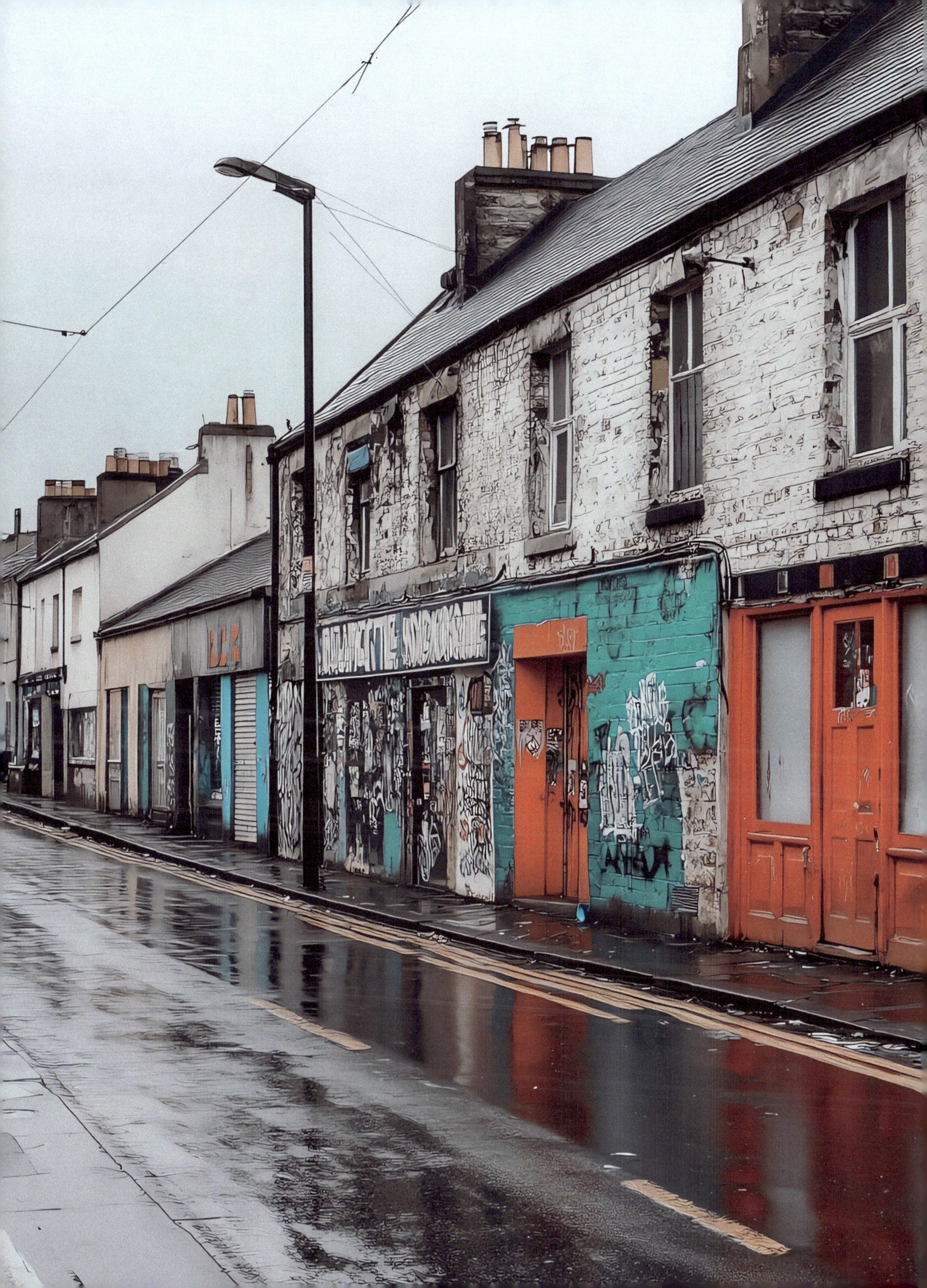

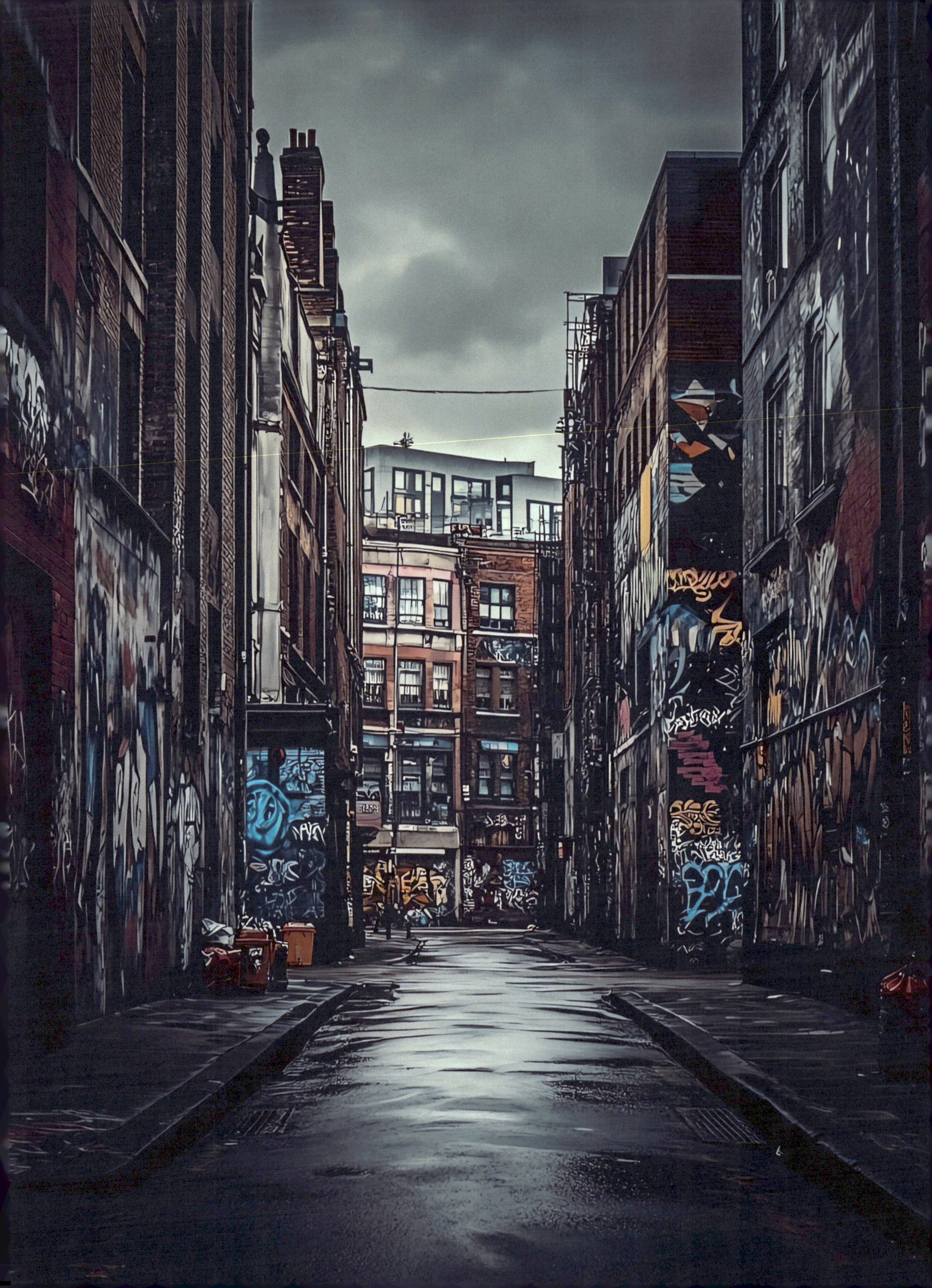

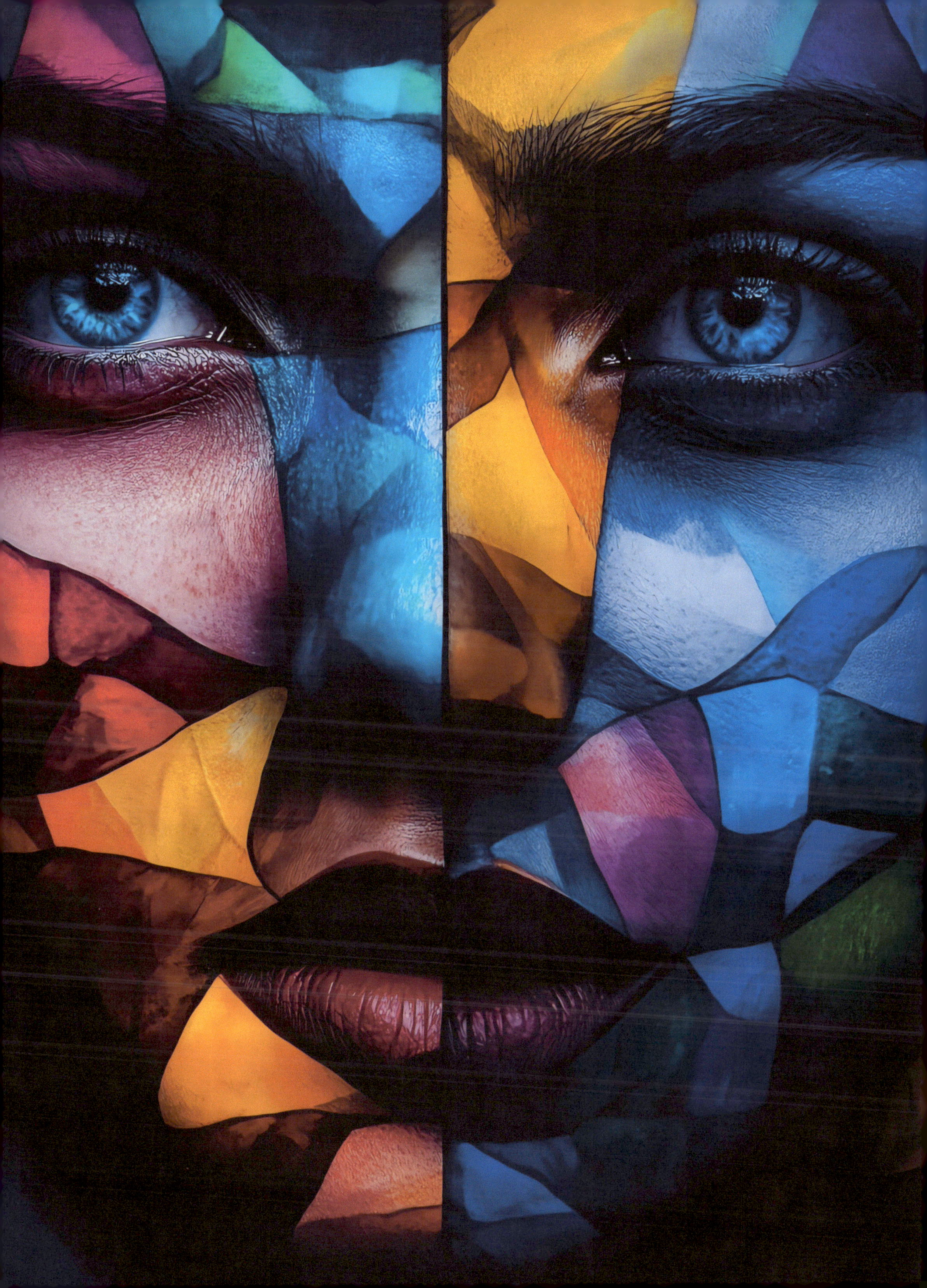

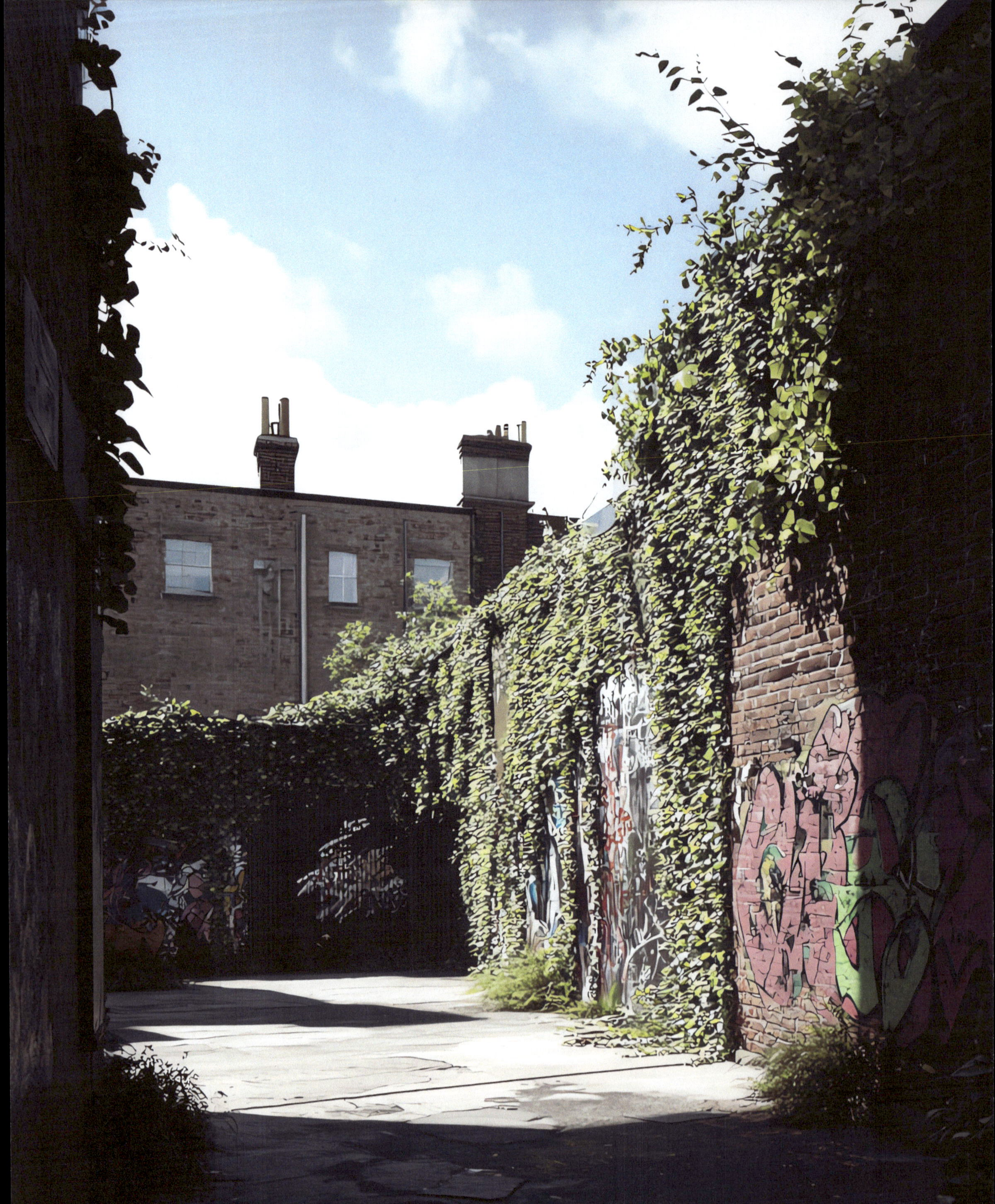

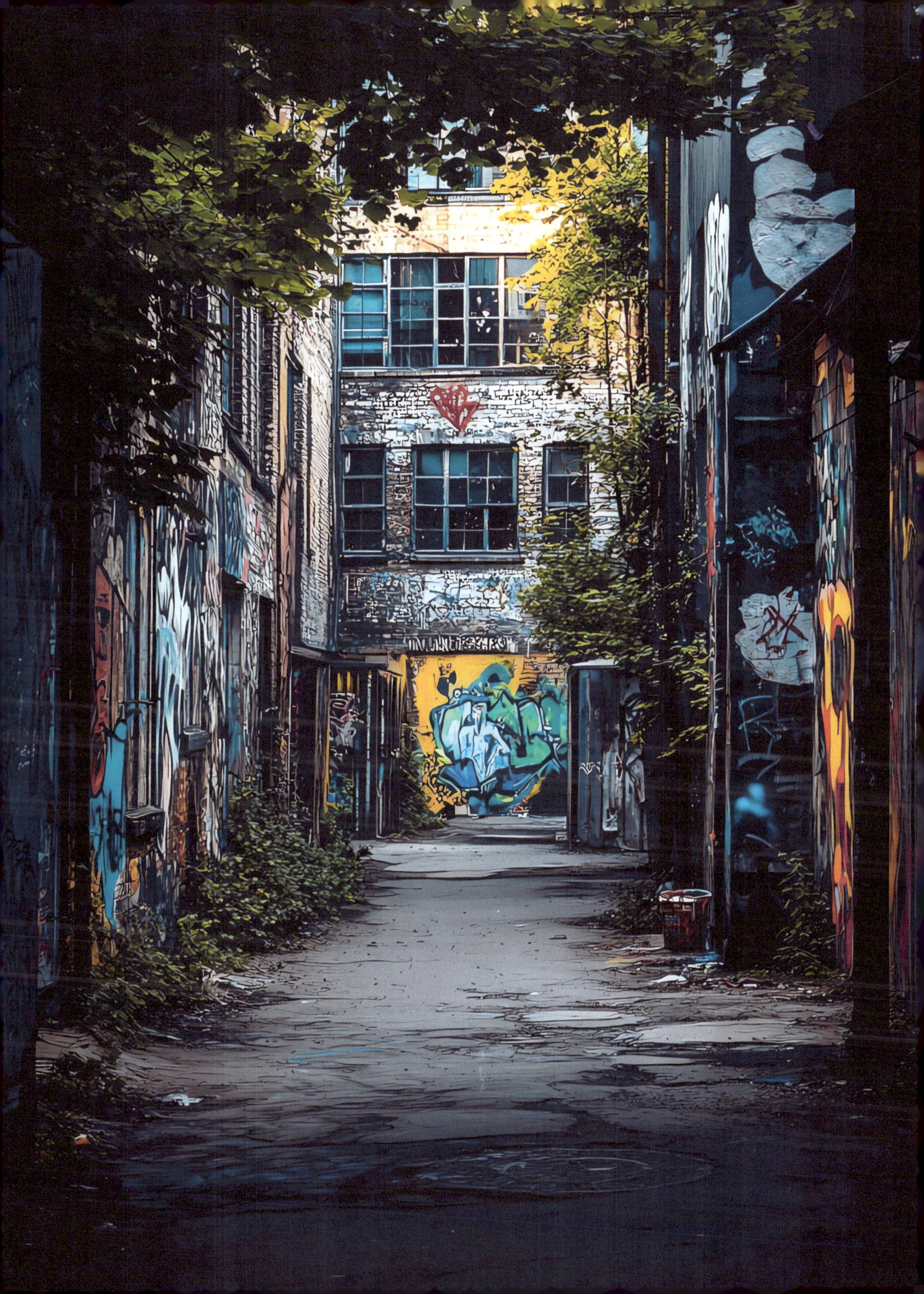

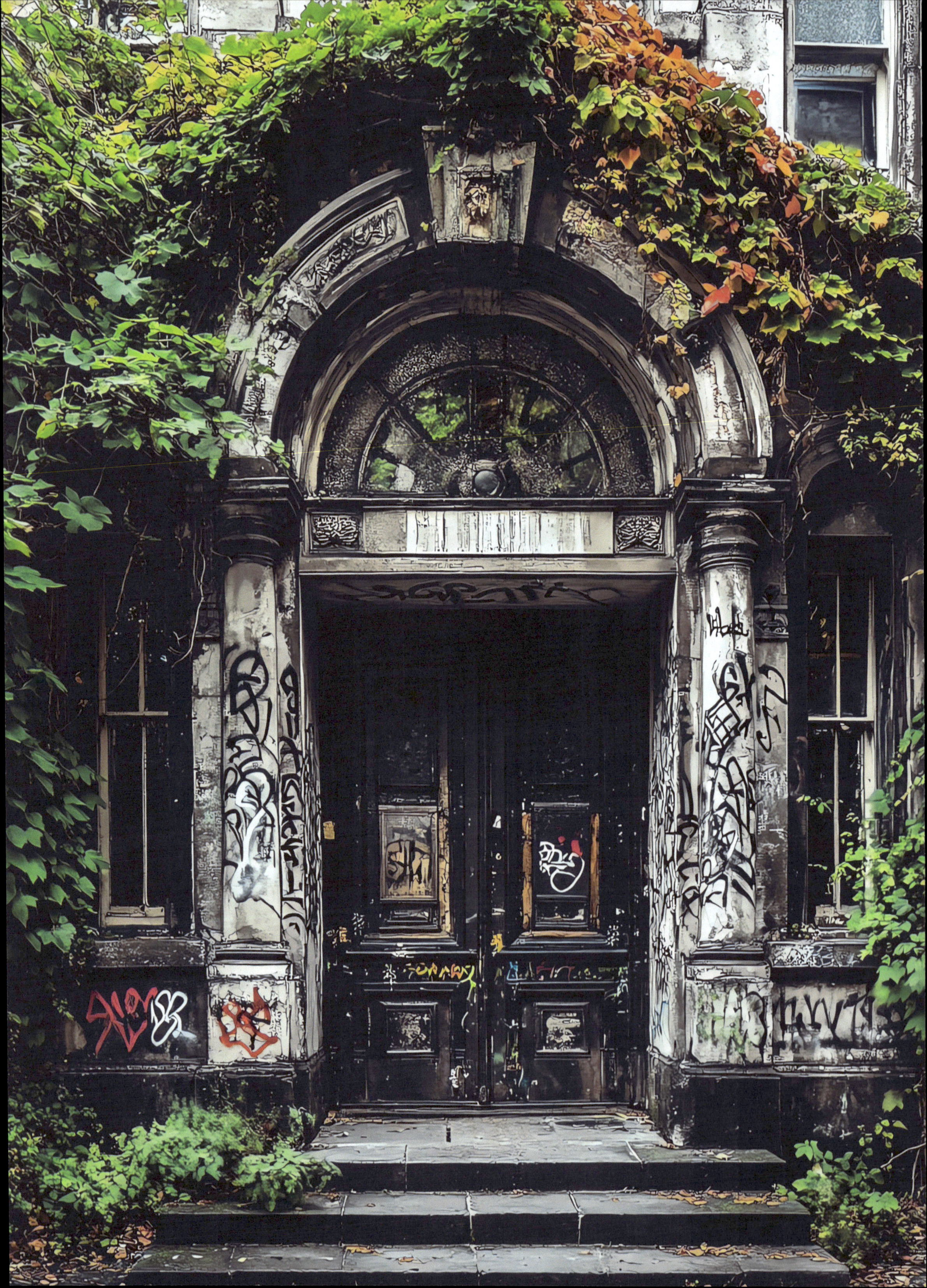

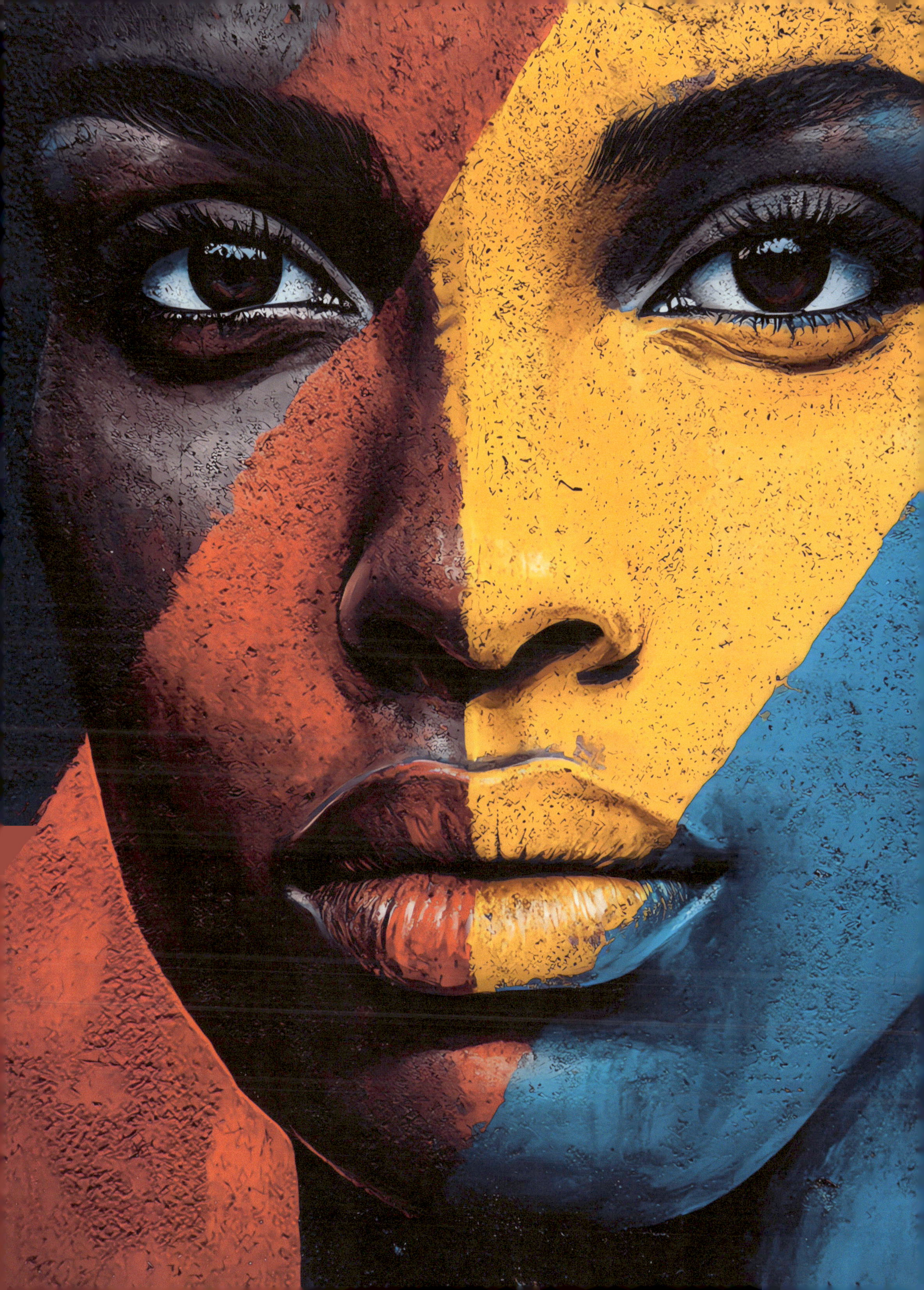

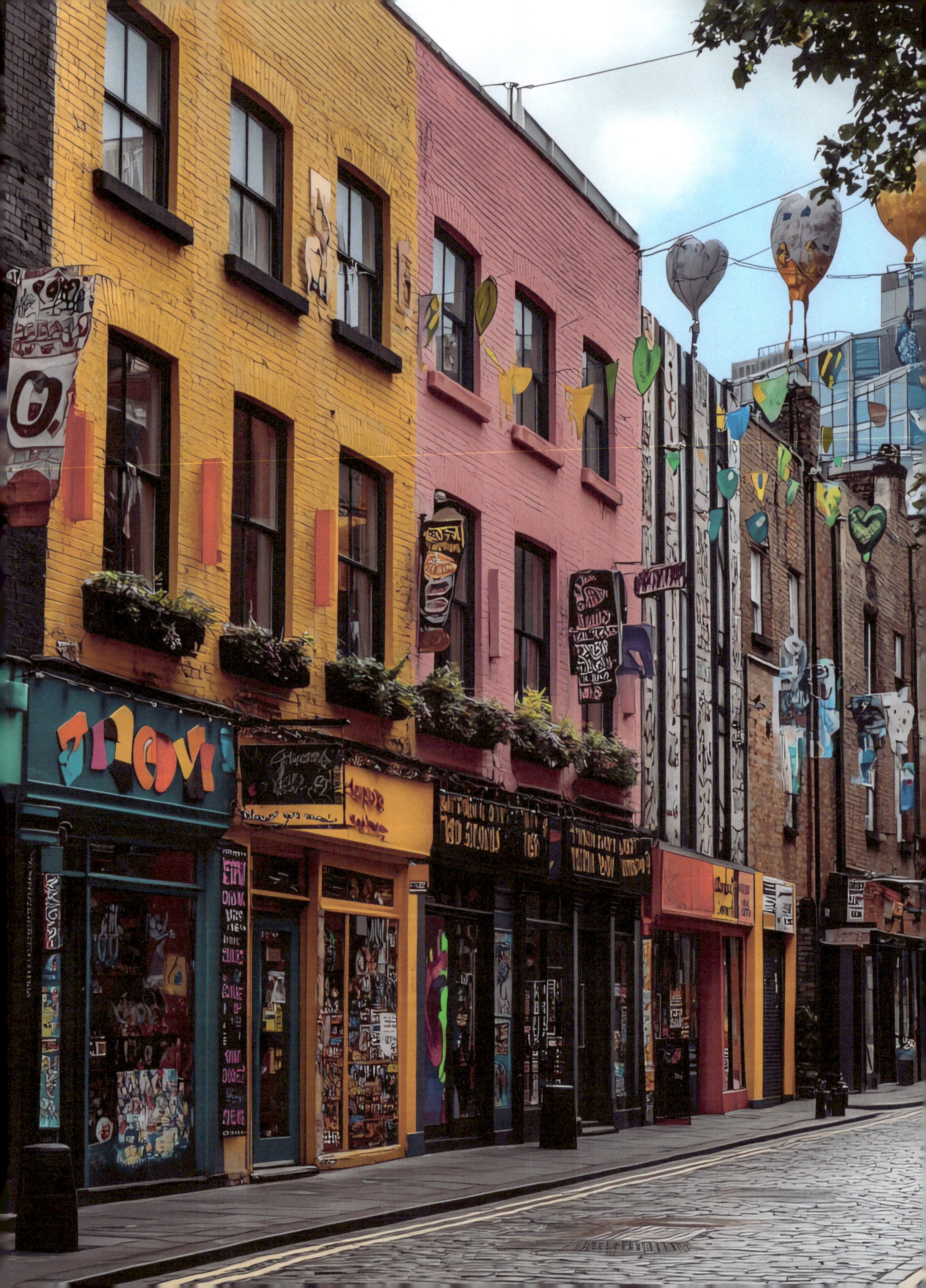

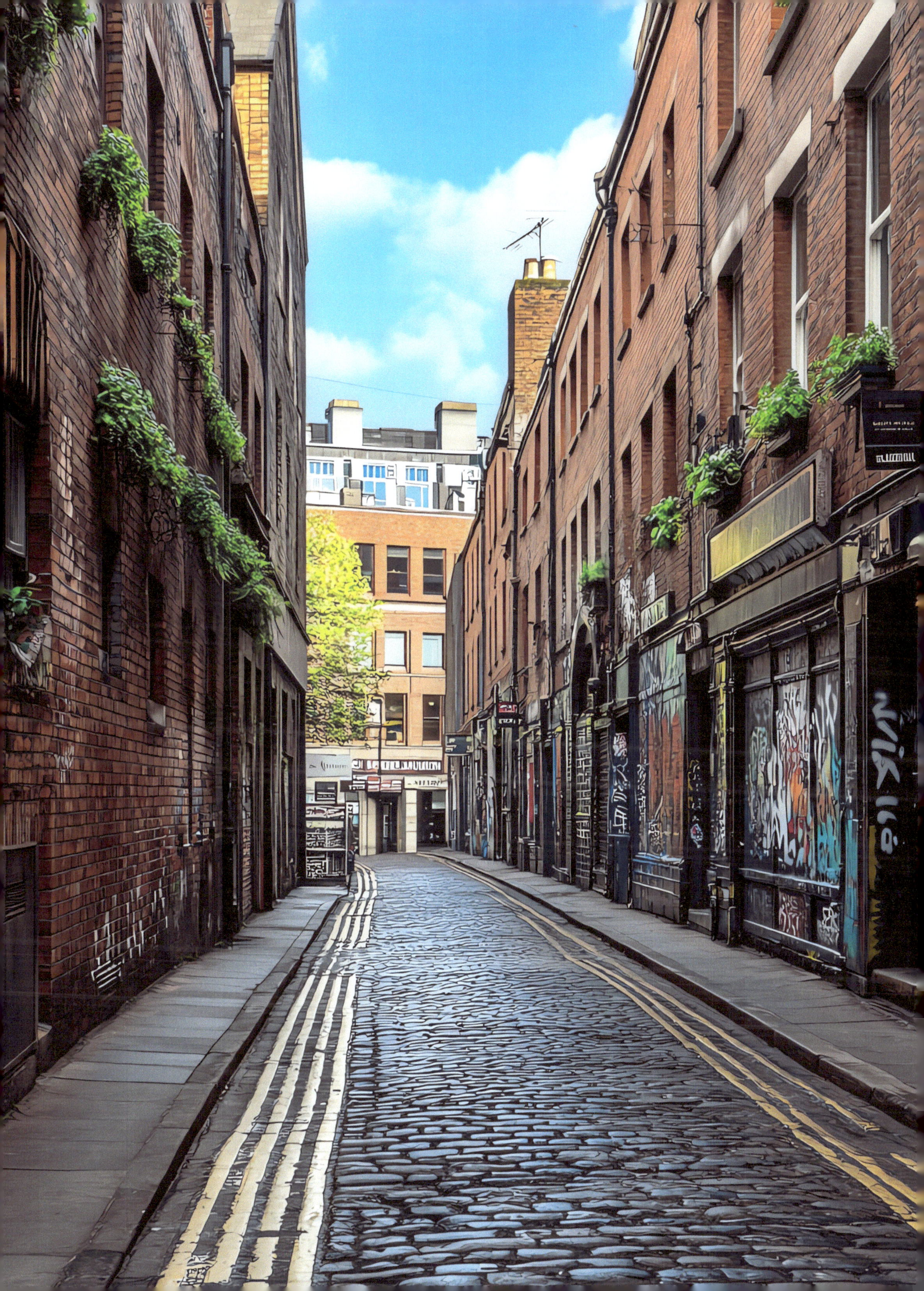

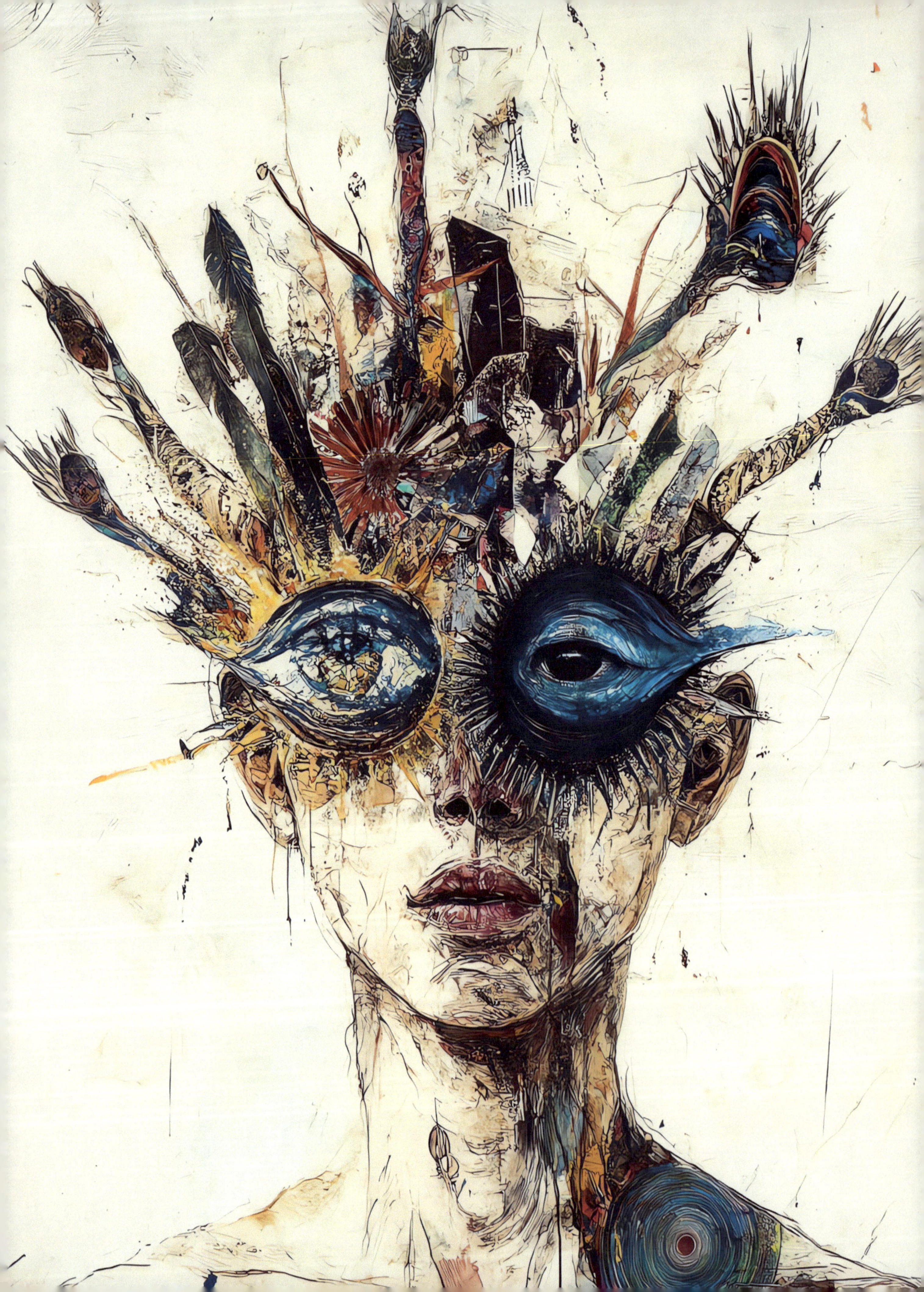

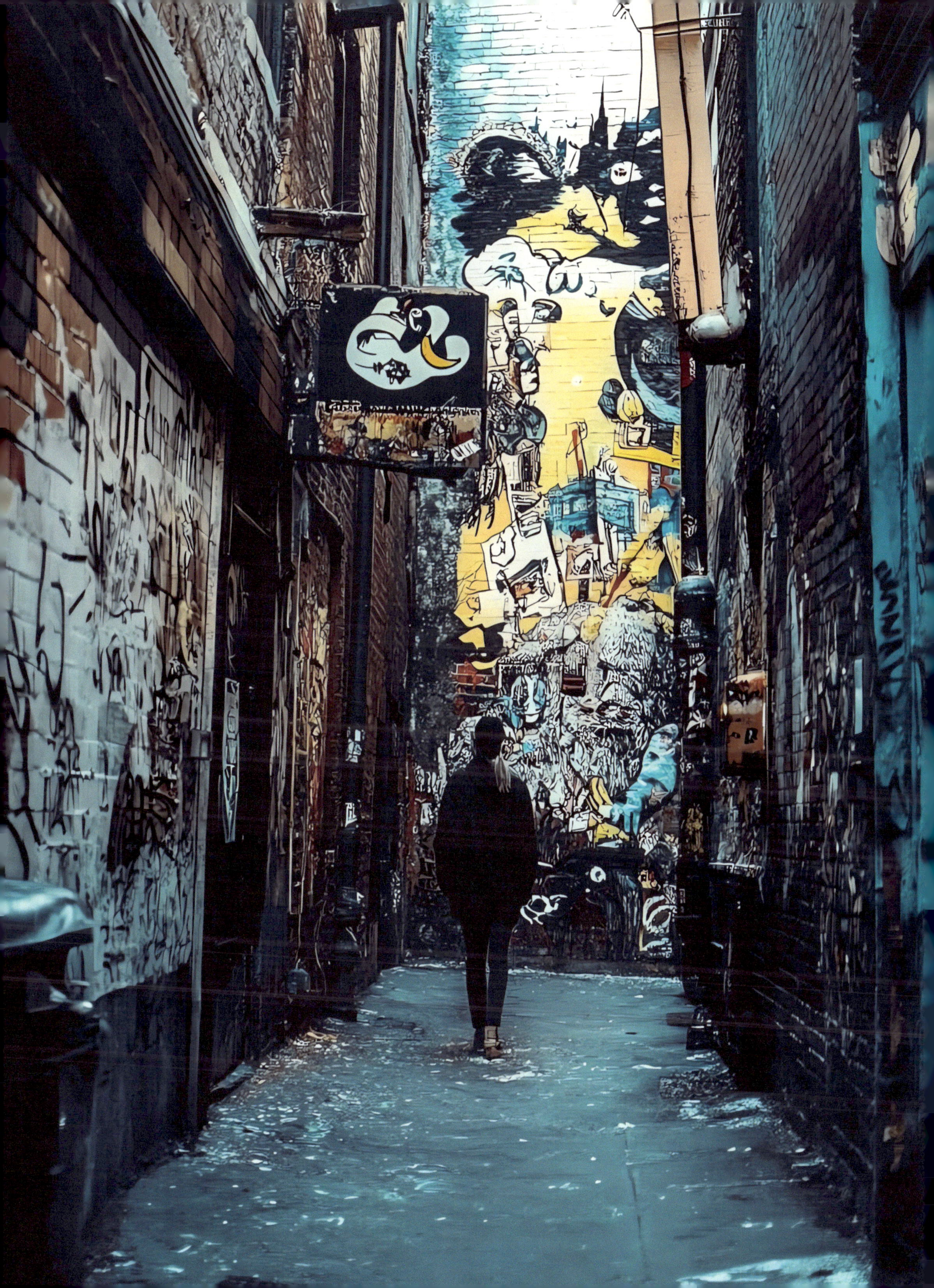

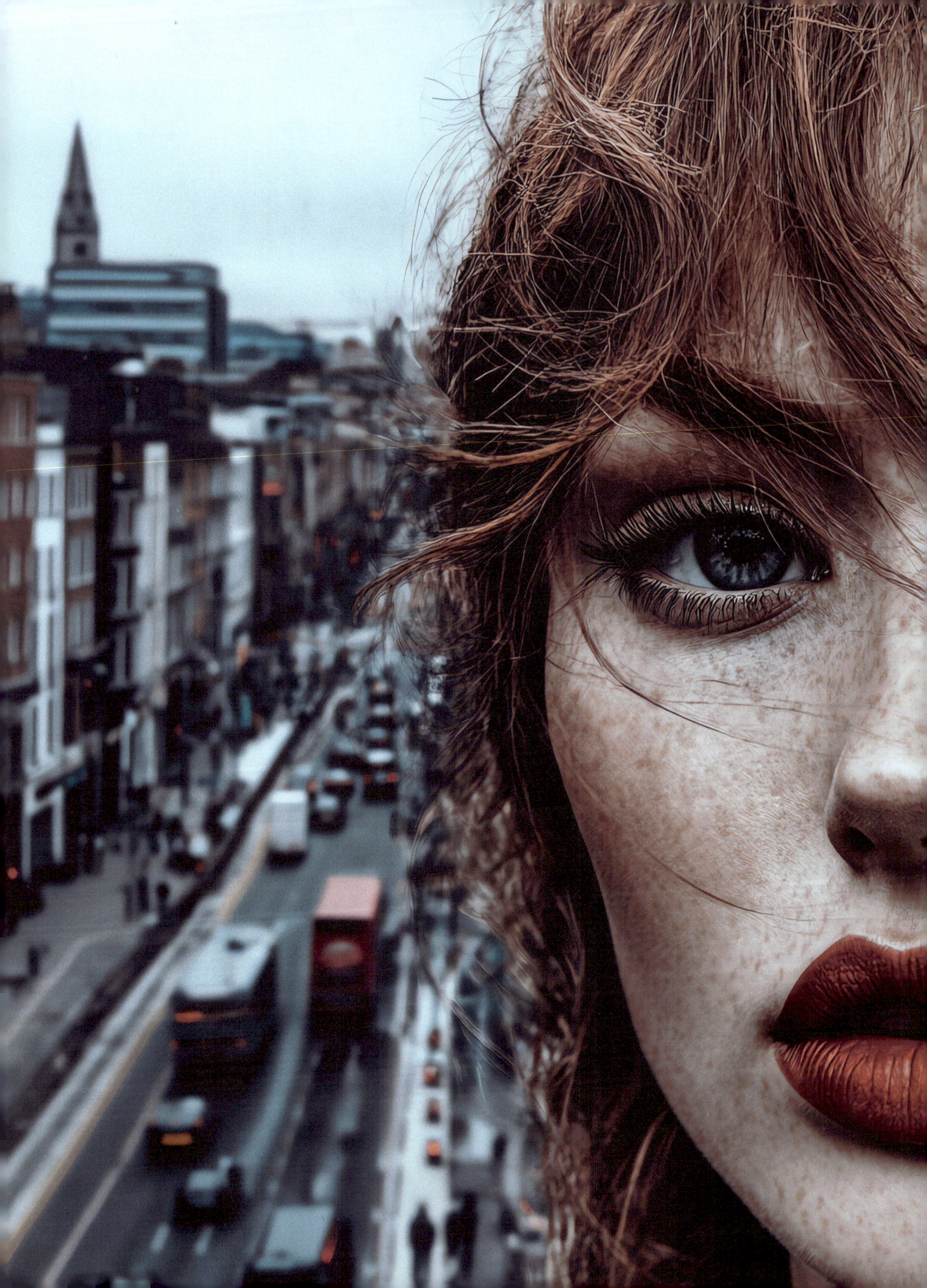

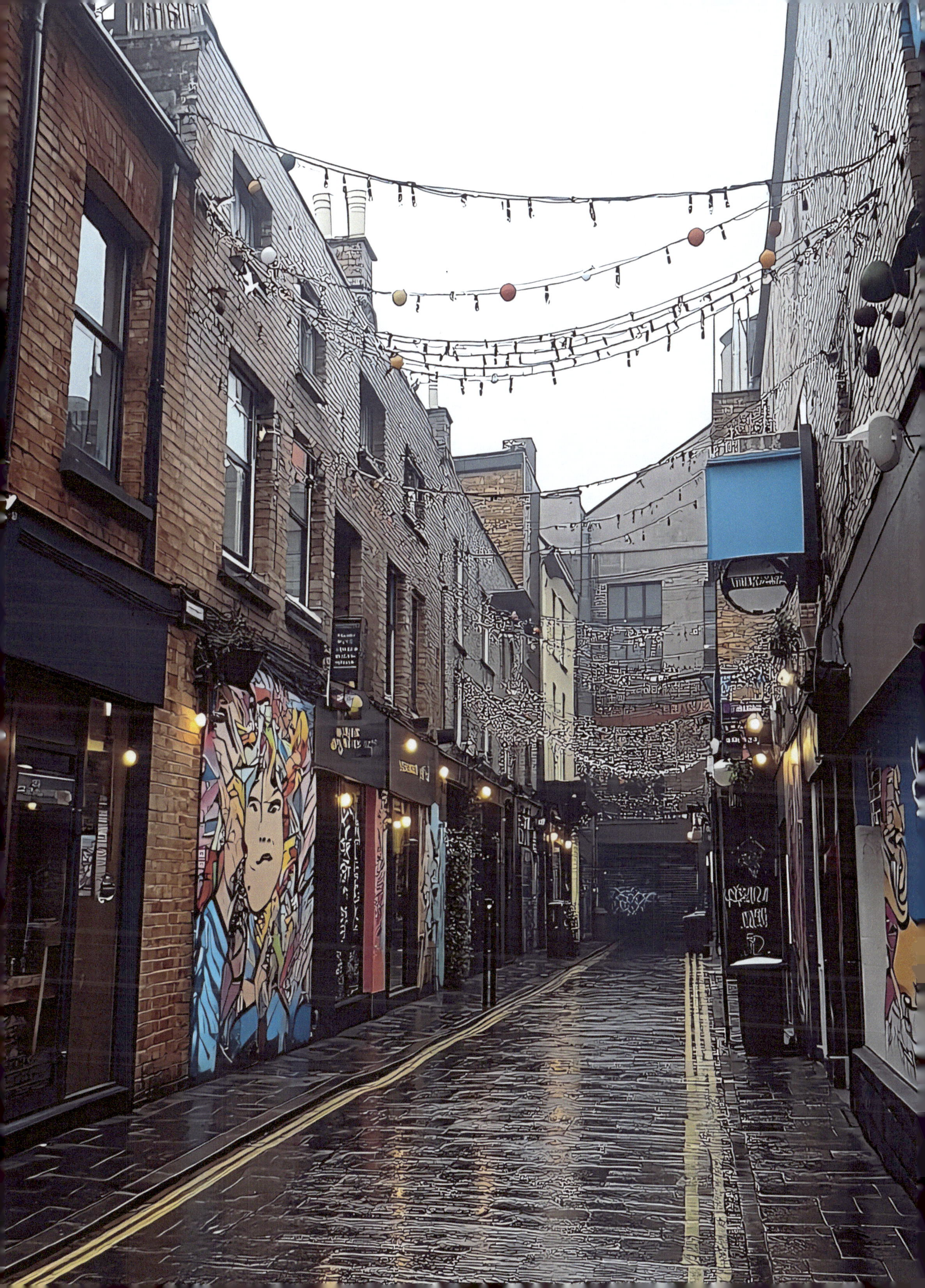

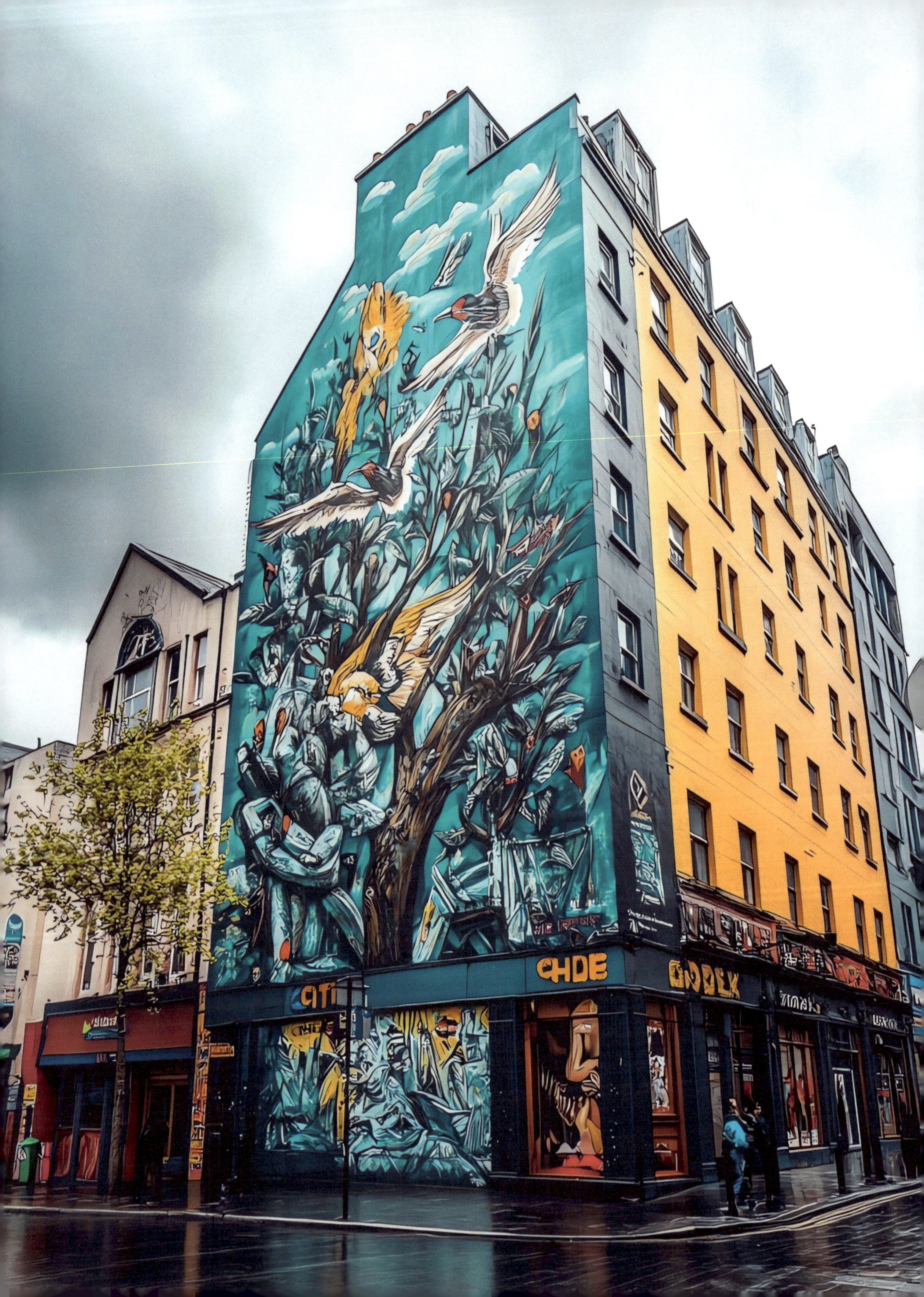
CHDE

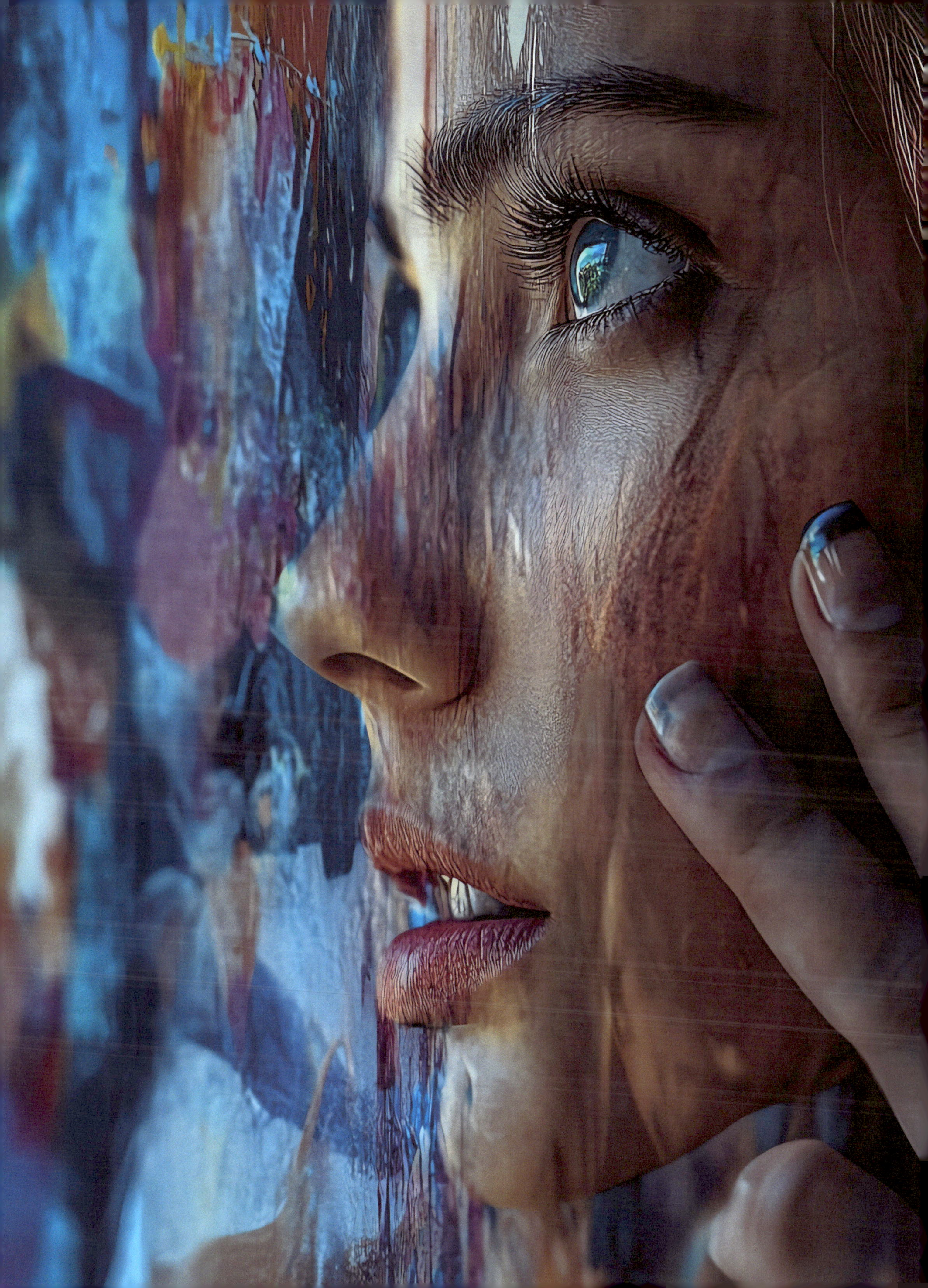

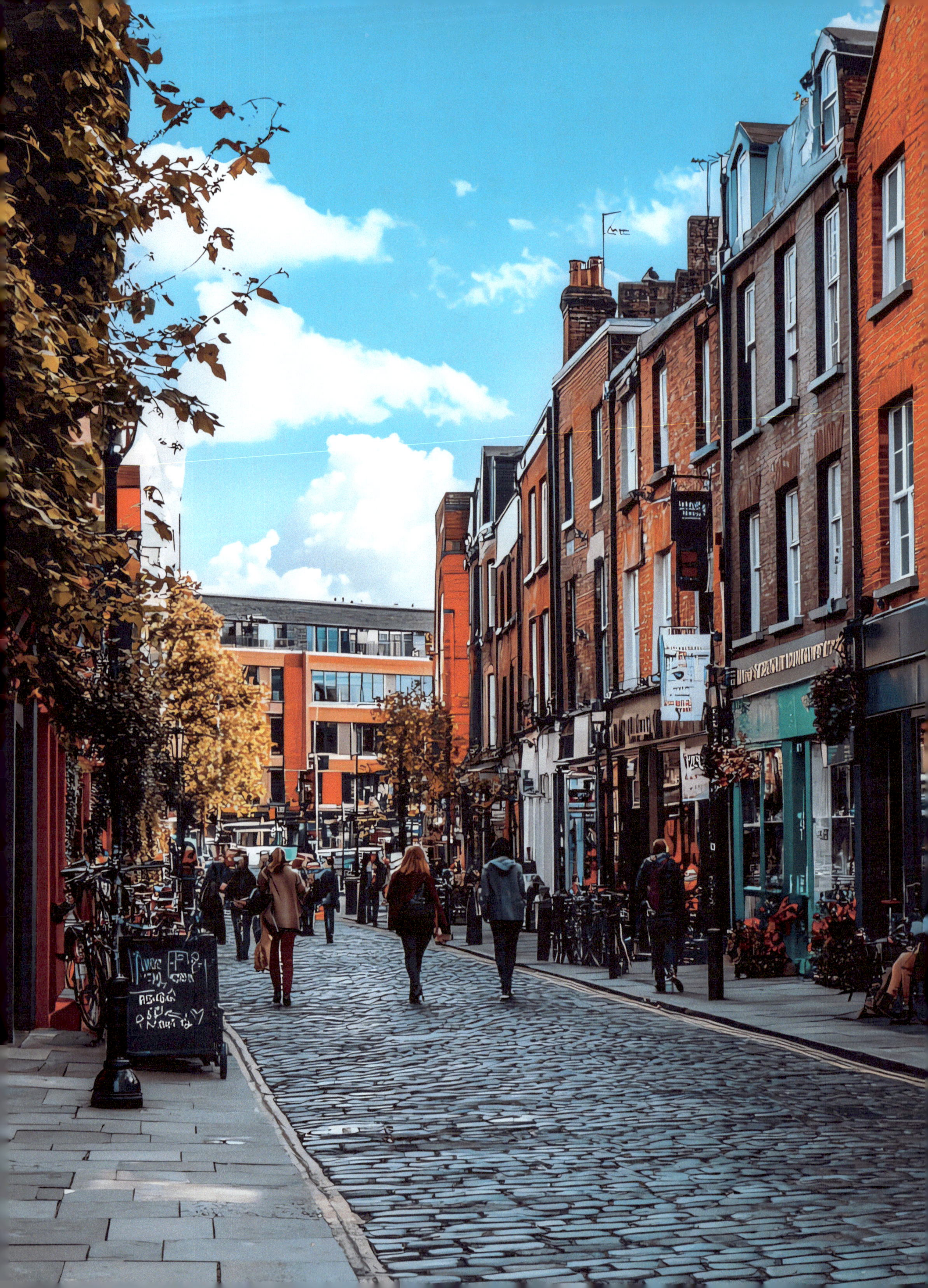

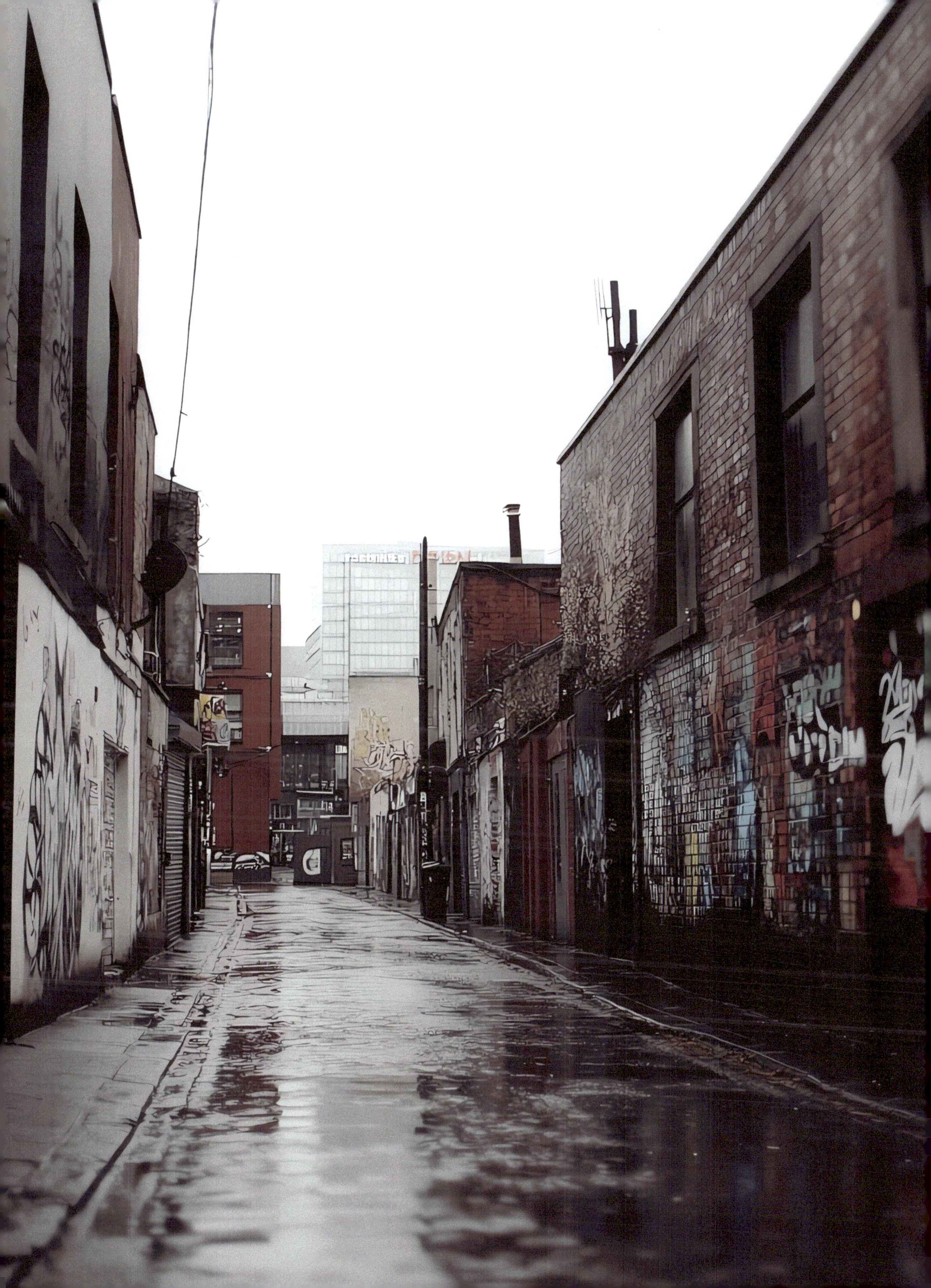

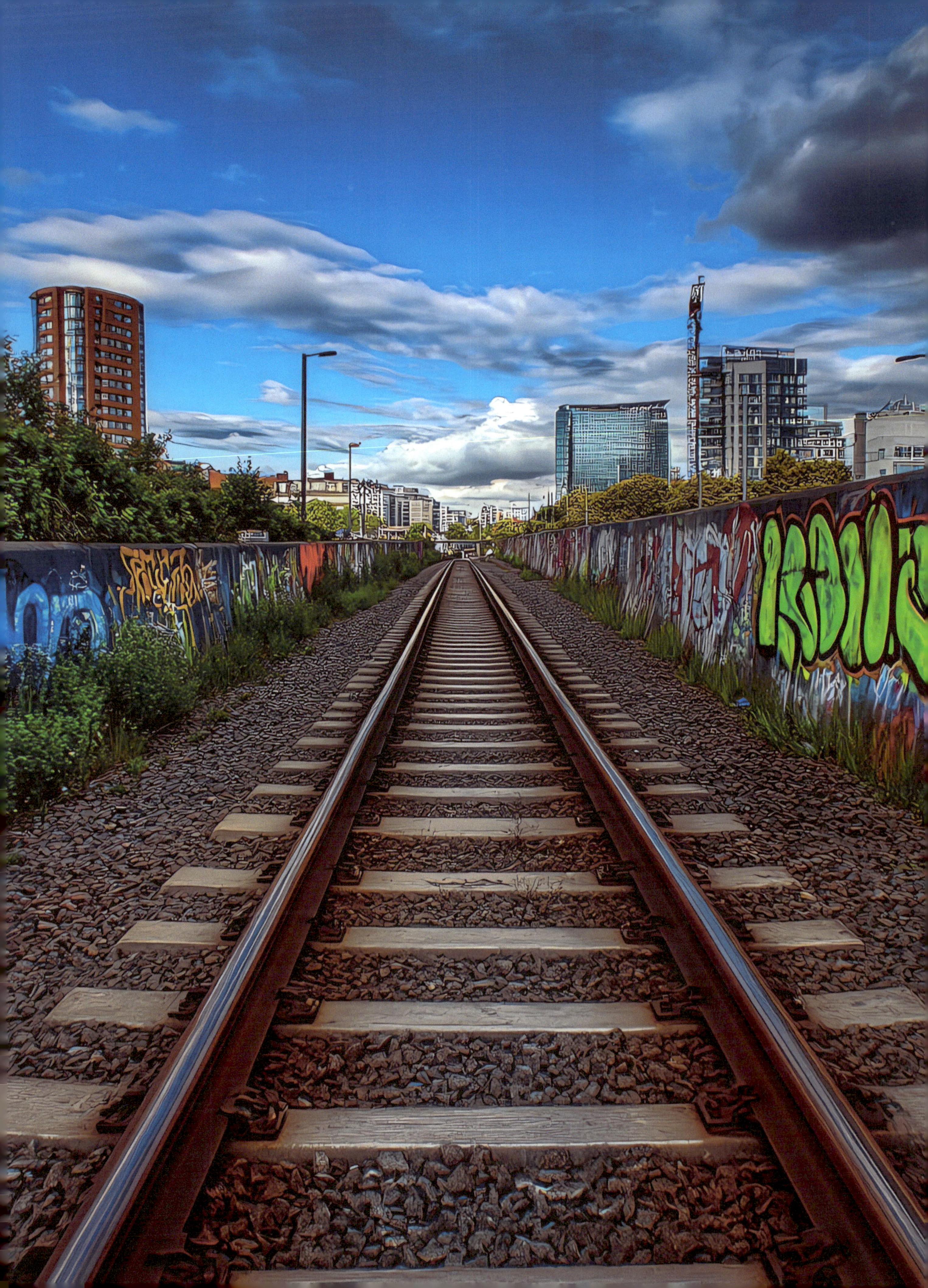

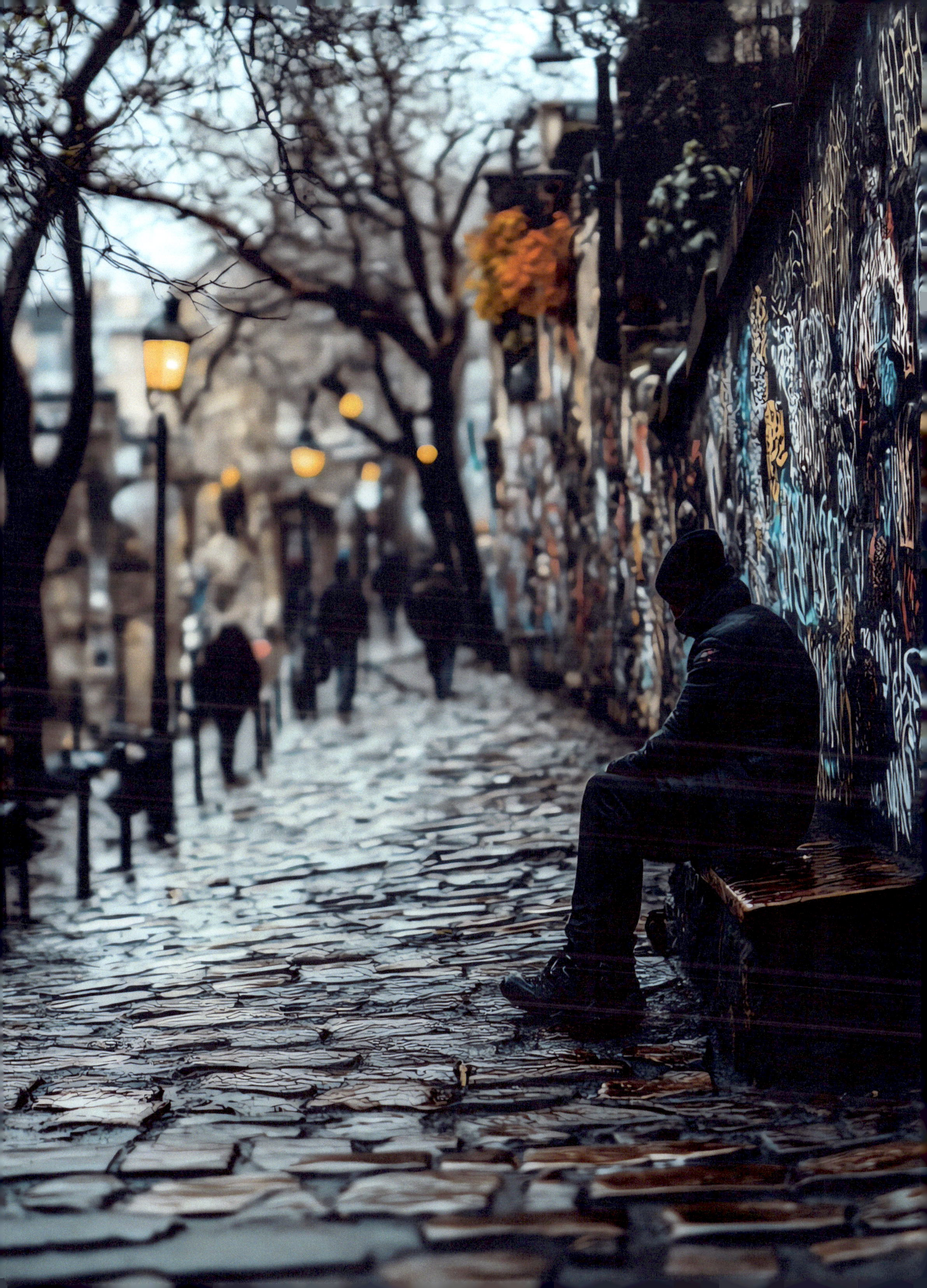

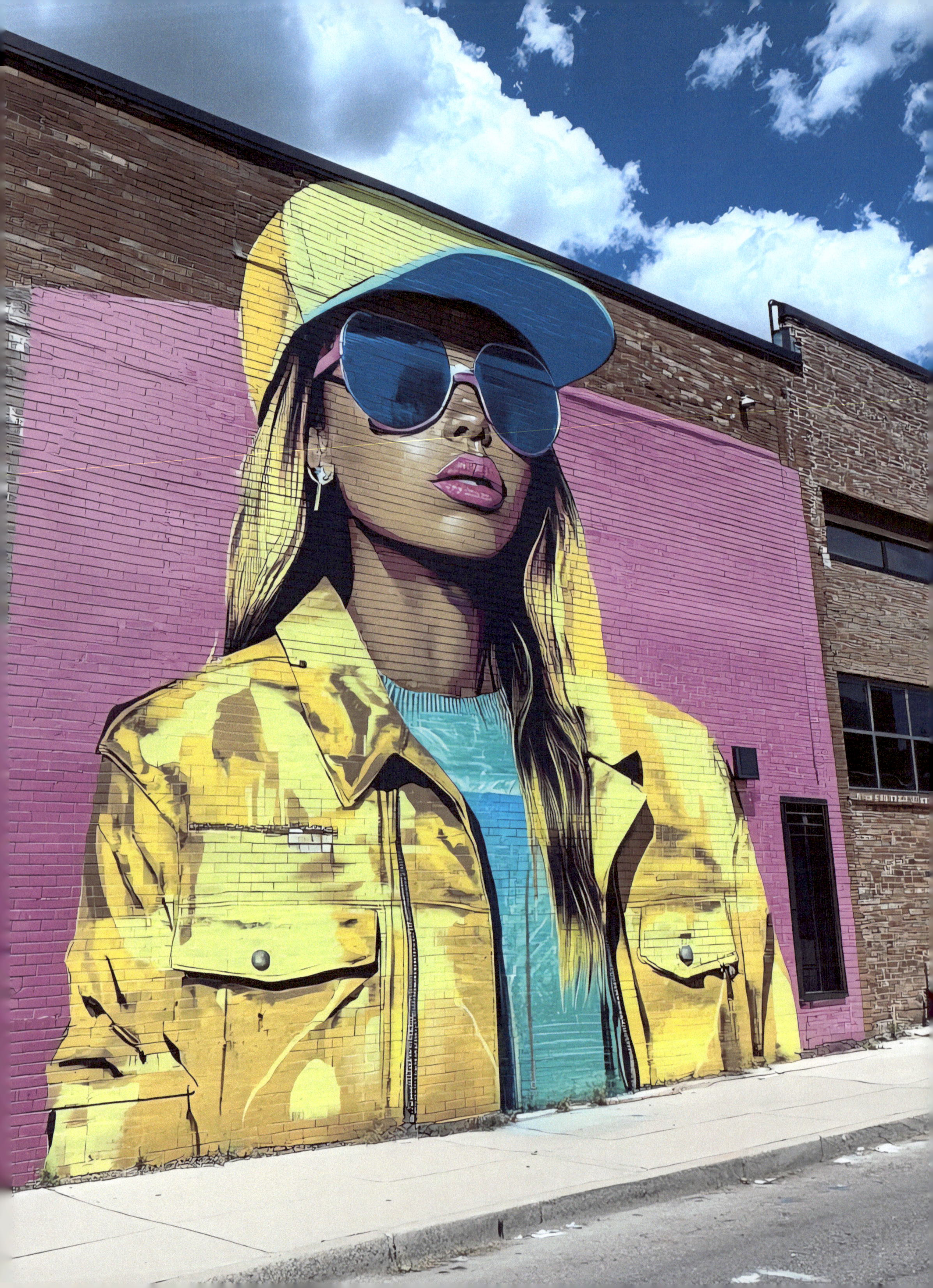

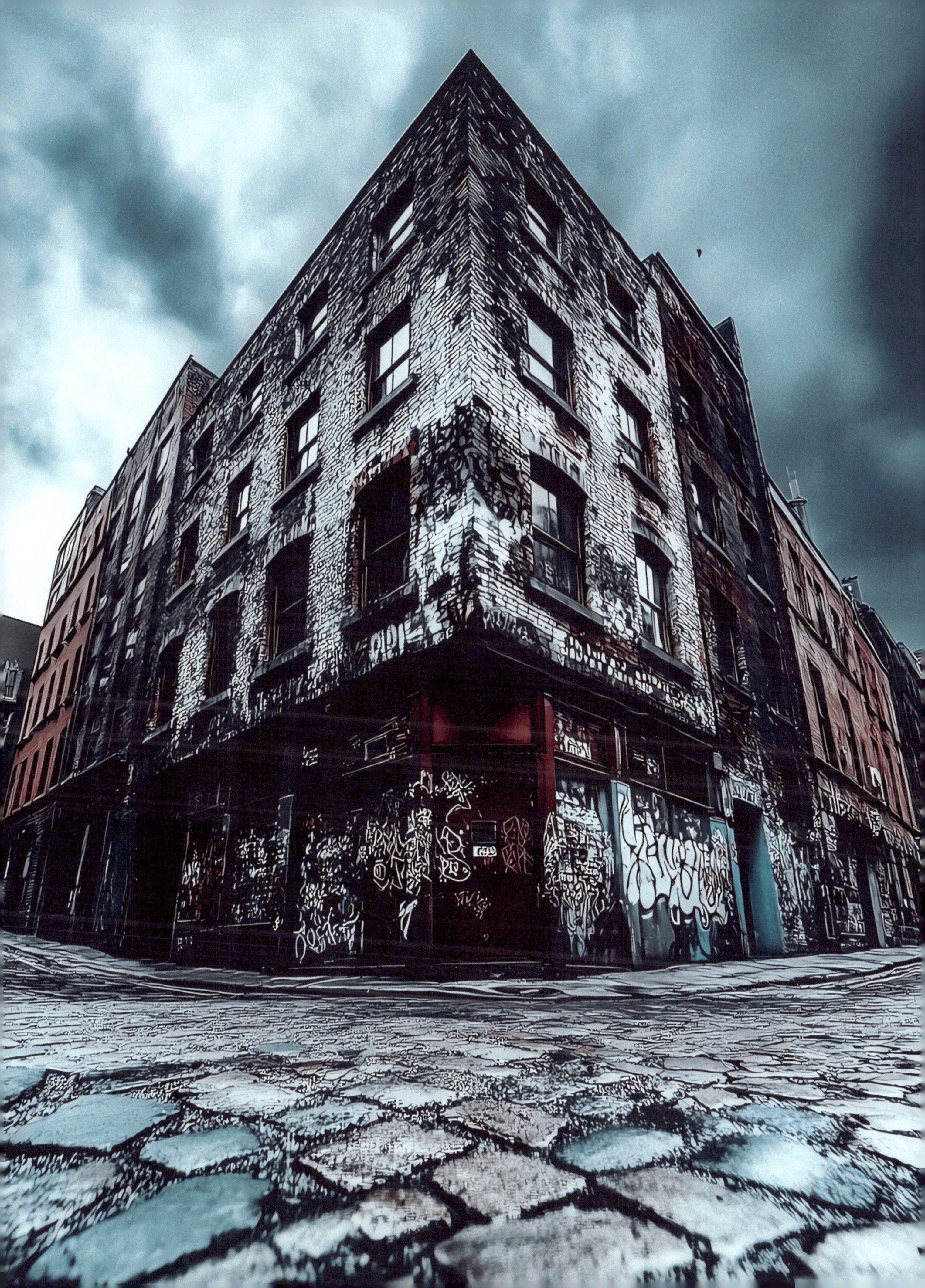

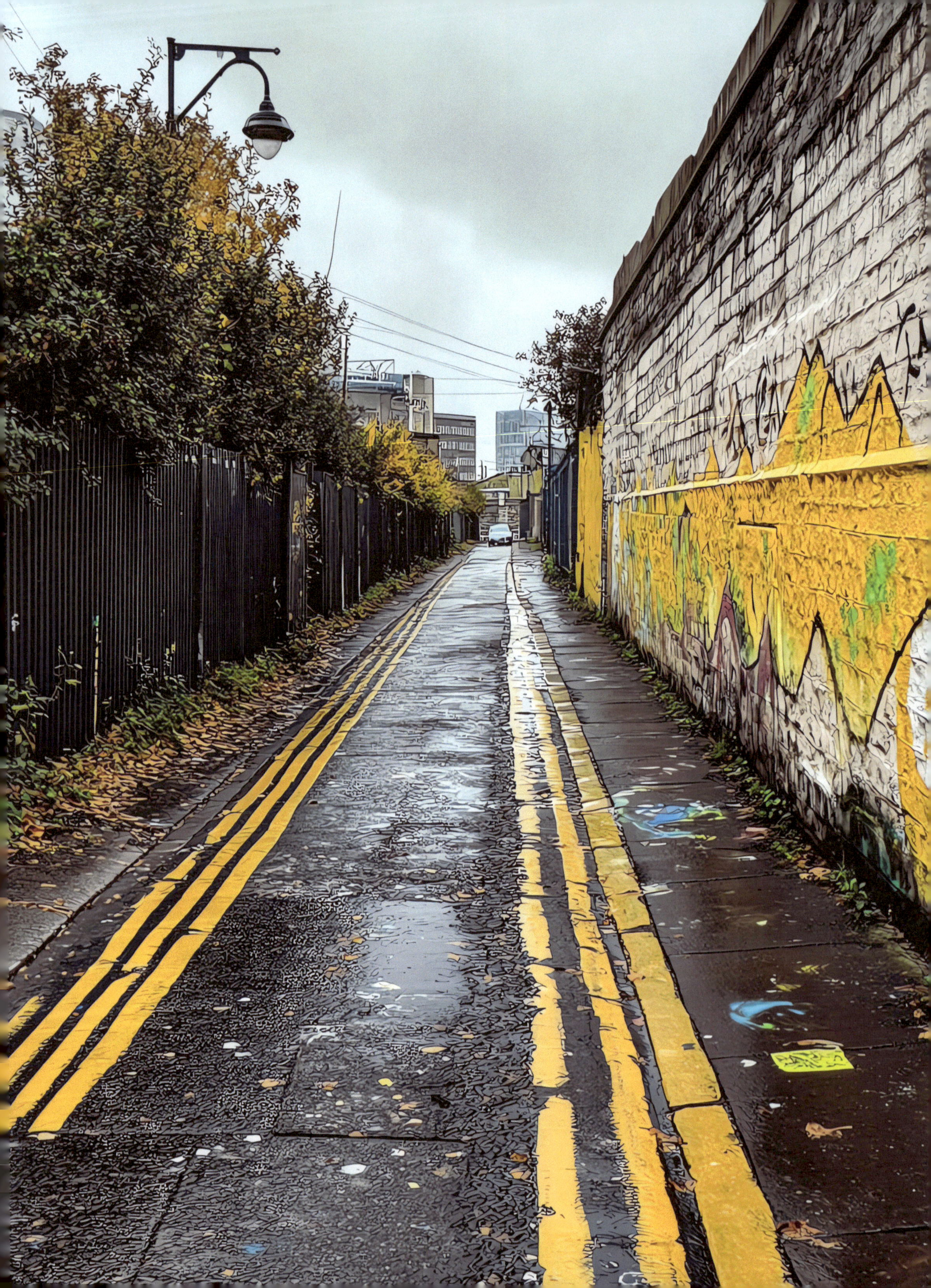

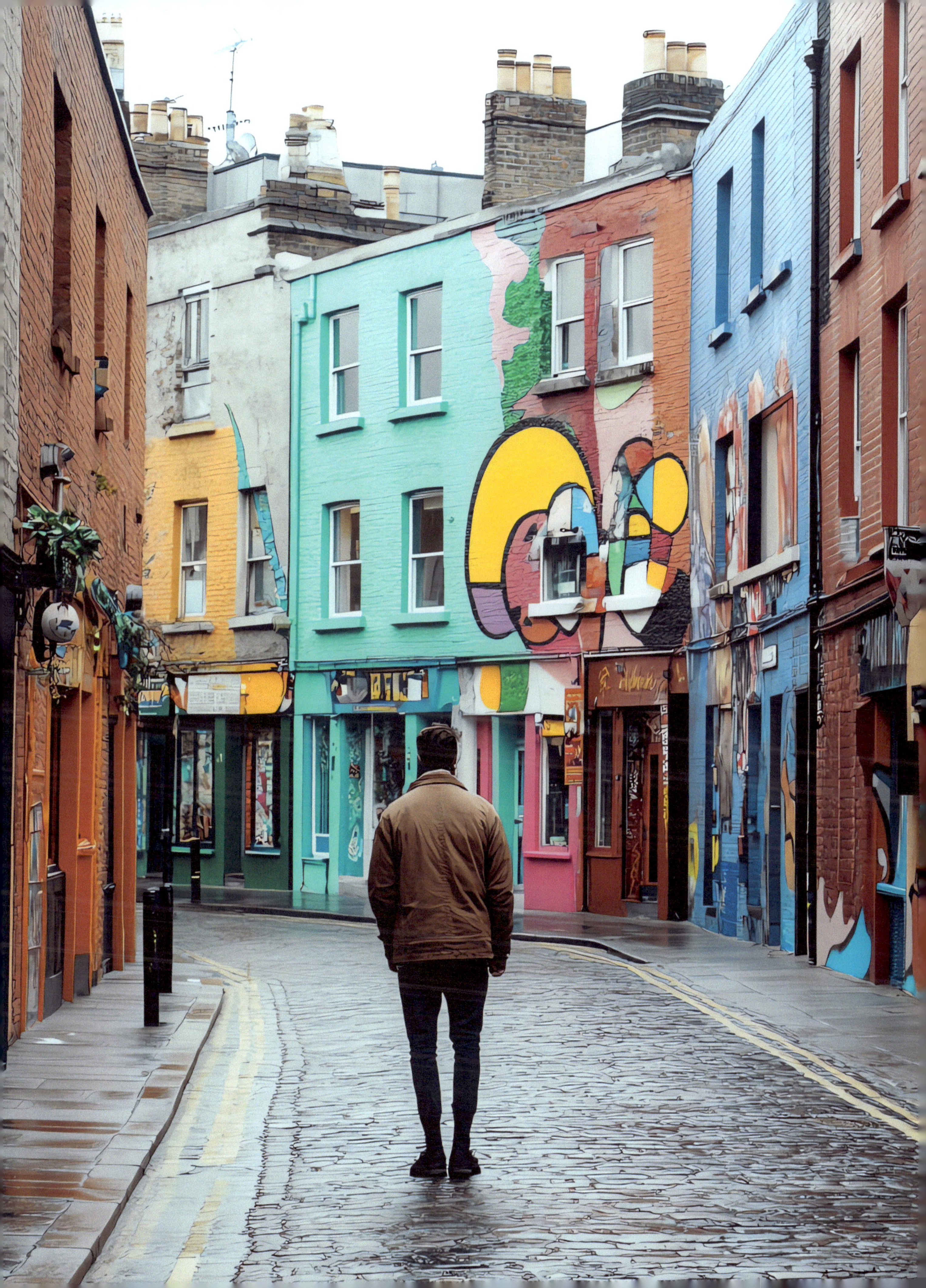

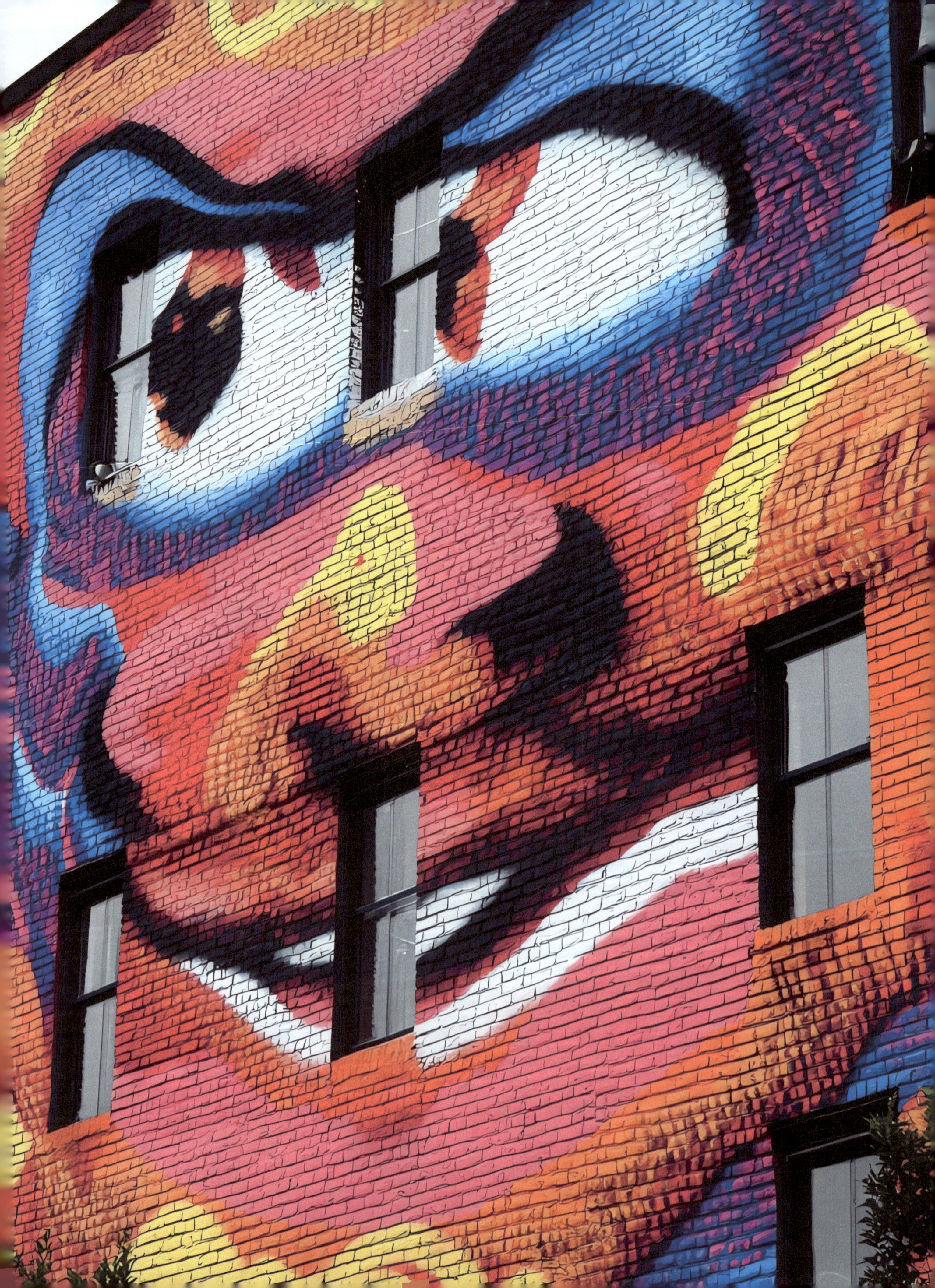

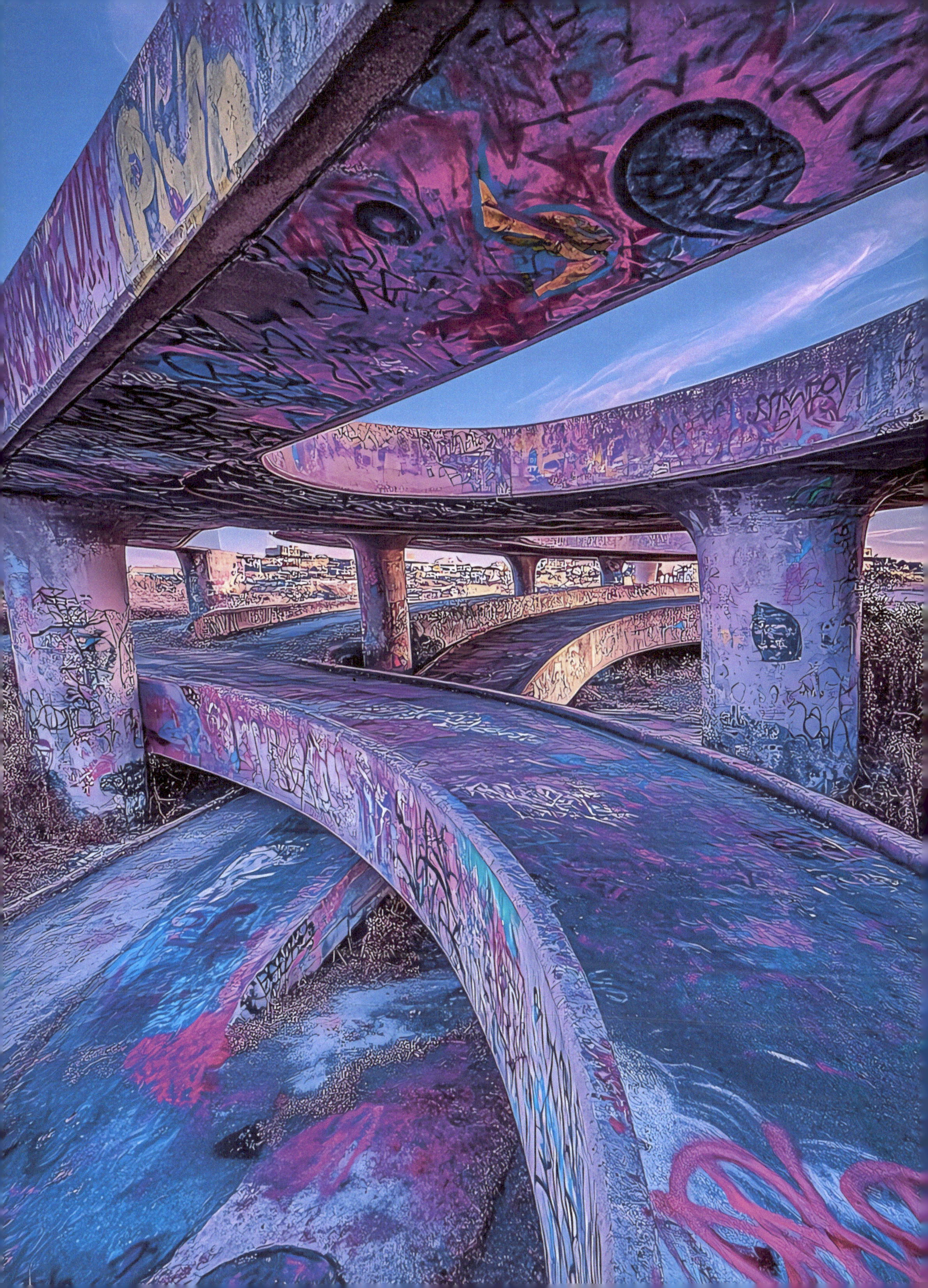

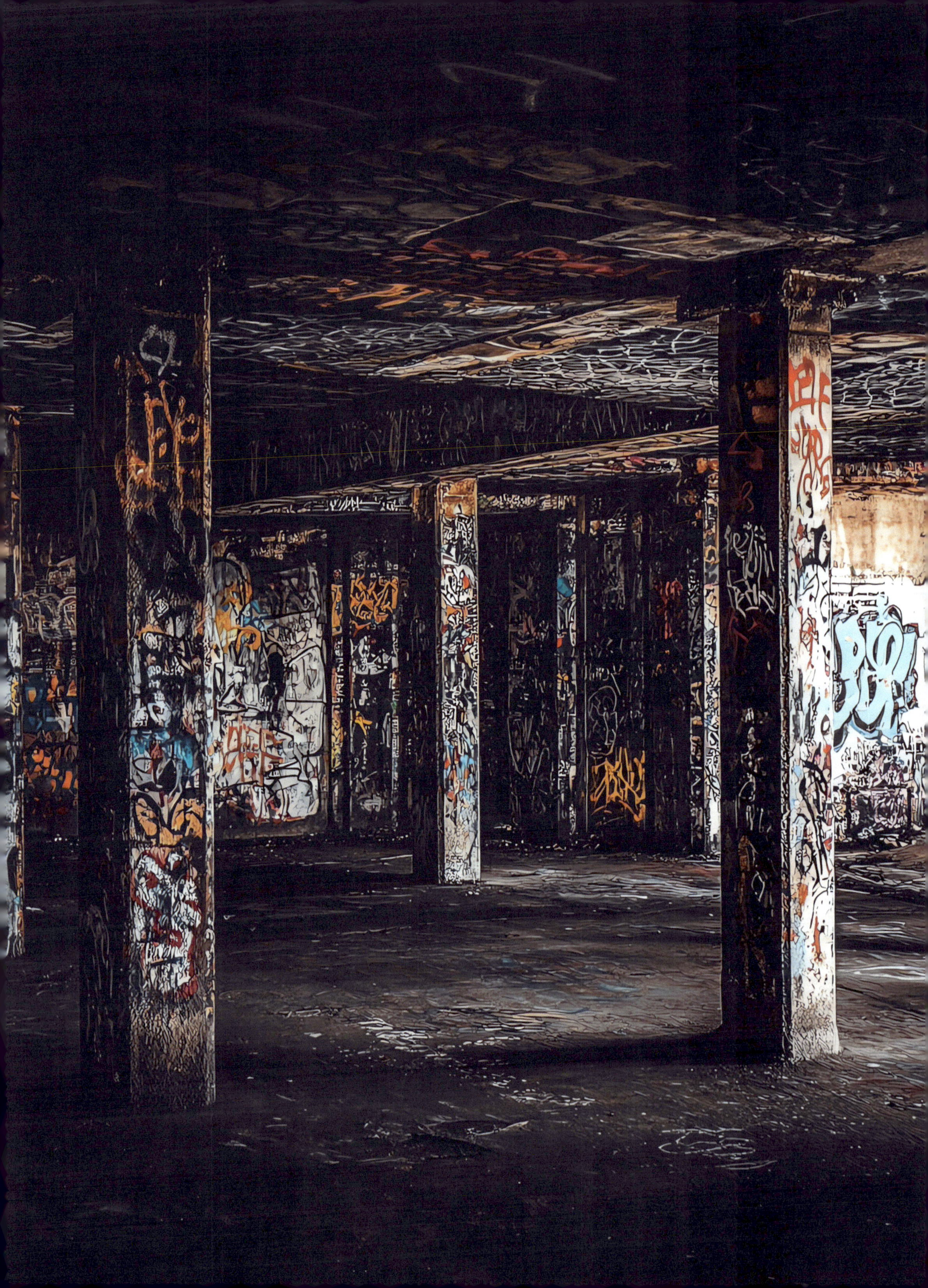